TODO
O TEMPO
QUE
EXISTE

adriana lisboa

TODO O TEMPO QUE EXISTE

à minha irmã e ao meu irmão

*O más bien somos relicarios de nuestra gente
querida. Los llevamos dentro, somos su memoria.
Y no queremos olvidar.*
Rosa Montero

Todo lo que has perdido, me dijeron, es tuyo.
José Emilio Pacheco

É possível que exista um momento – e talvez não seja um momento ao qual se chega em definitivo, mas pelo qual se passa um punhado de vezes ao longo da vida – em que nos expressamos quase que por obrigação. Uma obrigação, é claro, não para com o mundo, mas para conosco e com essa bela, estranha e frágil existência cujo protagonismo por acaso é nosso (embora nem sempre nos lembremos de ter feito o teste para o papel, e nem sempre nos entendamos com esse personagem que é o nosso).

Para quem trabalha com as palavras, essa pode ser uma faca de duplo gume: de um lado a afasia, a incapacidade de nomear, de explicar, de produzir sentido, e do outro lado a certeza de ter algo urgente a dizer – o que nada tem a ver com alardear, gritar num megafone, mas simplesmente enunciar, colocar em palavras. Porque é uma forma nossa de organizar o mundo, também, embora tantas vezes nada pareça mais caótico do que a gramática humana, sempre no encalço da experiência que ela nunca alcança e que ao mesmo tempo (paradoxo dos paradoxos) ela fabrica ao narrar.

Quando minha mãe morreu, no dia 2 de fevereiro de 2014 – dia de Iemanjá –, saí cancelando quase todos os compromissos de trabalho que envolviam viagem. Eu tinha a impressão de que aquele luto era a minha nova condição, era como eu existiria dali por diante. Como é que aquela penumbra de tristeza e desamparo poderia algum dia clarear? Impensável, impossível. Eu teria que aprender a viver e a funcionar no mundo com essa penumbra. E não sabia como ia fazer isso. Aquele peso nos olhos, nos pés.

Era uma época em que a literatura brasileira estava em voga por aí afora, graças em grande parte às políticas culturais de então e a um governo que valorizava os nossos escritores e artistas. Graças igualmente ao otimismo com que o Brasil estava sendo visto pelo resto do mundo. O retrato, como se sabe, ganhou contornos trágicos em 2016 e principalmente 2018, quando o país se tornou não só o seu pior inimigo como inimigo da maioria das outras nações também. Mas nos primeiros anos da década, o Brasil era o convidado de honra em importantes feiras internacionais do livro, como foi o caso de Paris, Frankfurt, Bogotá.

No segundo semestre de 2014, haveria na Itália um evento literário chamado Festivaletteratura. Aconteceria na cidade de Mântua. Viajei para o outro lado do Atlântico sozinha, atarantada, despreparada, insone, duvidando que fosse conseguir dar conta daquilo e, ao mesmo tempo, completamente disponível para o que quer que viesse, porque nada, nada mesmo, tinha a menor importância diante da experiência pela qual eu acabava de passar. Perder alguém que se ama é fazer *tabula rasa*.

Por acaso ou por sorte (ou, antes, por estratégia de *marketing* dos editores), o encontro ao redor do meu livro que acabava de sair em tradução na Itália foi apresentado por uma atriz famosa, de modo que o auditório – na verdade, uma igreja: não guardo na memória qual, mas tenho a impressão de que foi a de Santa Maria della Vittoria – estava lotado. Não por minha causa, claro está, mas por causa da apresentadora *pop star*.

O livro que eu apresentava era o meu romance *Hanói*, publicado no Brasil no ano anterior. O tema (ou um dos temas) desse livro, que concebi como uma espécie de *jam session*, é a morte de um jovem trompetista de *jazz*, David, que descobre ter uma doença terminal na altura de seus trinta e poucos anos. Foi meu último livro lido pela minha mãe. Ela torcia, aliás, para que o personagem se recuperasse, contra todos os prognósticos: eu acho que o David vai ficar bom, ela me dizia por telefone enquanto estava lendo o livro, poucos meses antes de sua própria e inesperada morte.

No encontro em Mântua, naturalmente enveredamos pelo tema das perdas e do luto, porque também disso o livro tratava. Acabei compartilhando minha perda recente, mas não como se estivesse diante daquele monte de gente: era como se eu estivesse com um pequeno grupo de amigos na sala de casa. A tal da *tabula rasa*. E a resposta foi que vários dos presentes pediram o microfone para relatar as *suas* próprias experiências de perda dos seus queridos – algumas bem recentes, outras muito antigas, mas ainda palpitantes como as pedras de cinco séculos de idade daquela igreja (não foi minha intenção parear esse binômio perda-pedra, mas não encontro palavras melhores).

Saí do evento transfigurada. Nunca participei de um encontro literário que tivesse sido, para mim, mais significativo. Talvez isso tenha se dado, em parte, porque o encontro não foi sobre mim, mas sobre nós. Sobre todos os que estávamos ali reunidos, somente por acaso tendo como desculpa a apresentação de um livro que somente por acaso era meu.

Neste momento, quando começo a escrever este texto – minha primeira experiência de uma espécie de ensaio de cunho autobiográfico –, penso que talvez ele pudesse vir a ser algo como aquele encontro laico numa igreja quatrocentista italiana: um sentido coletivo que se confere a uma narrativa individual quando ela é somada a outras narrativas individuais, mesclada a elas a tal ponto em que tudo se confunde e já não há mais o meu e o seu, mas tão somente o nosso.

No dia 20 de agosto de 2021, sete anos, seis meses e dezoito dias depois da minha mãe, meu pai morreu, na mesma cidade do Rio de Janeiro. Minha mãe foi vitimada por um câncer, aos 80 anos. Meu pai, aos 89, por uma grave doença coronariana e pela covid-19 que contraiu no hospital onde estava internado. Ele entrou, assim, para a trágica estatística das vítimas da necropolítica de Jair Bolsonaro, um presidente criminoso que sempre apostou mais na cloroquina do que na vacina e nunca levou a pandemia a sério, mesmo que até aquele mês de agosto os óbitos já tivessem ultrapassado os seiscentos mil.

Números, números, nomes – essas informações que a gente depois passa o resto da vida repetindo. A morte da minha mãe foi um susto. A do meu pai foi uma morte anunciada. Eu tinha 43 anos no primeiro caso, 51 no segundo. Nunca estaria preparada, ainda que ambos tivessem vivido até o centenário. E nunca saberei muito bem o que fazer com essa presença da ausência que passa a nos acompanhar depois de experiências assim.

Há um livro magnífico do grande poeta palestino Mahmoud Darwish que leva este título: *Na presença da ausência*, e que li na tradução para o inglês de Sinan Antoon. Não sei dizer o quanto esse título (*In the Presence of Absence*) é fiel ao original, *Fī Hadrat al-Ghiyāb*, mas me parece um achado. Quando escreveu esse longo poema em prosa, que veio a ser seu último livro, Darwish tinha plena consciência de que sua saúde se deteriorava e de que sua morte não tardaria (ele morreu dois anos depois, em 2008). O livro é uma espécie de despedida de si mesmo – na presença de sua própria ausência, portanto –, seguindo o gênero da autoelegia, tradicional na poesia clássica árabe.

Abro o livro a esmo (ele está aqui do meu lado, sobre minha mesa de trabalho, companhia constante) e improviso a tradução de um trecho em que Darwish fala dos ciganos:

> Eles nunca se despedem de nada, de modo a não se sentirem tristes, porque para eles a tristeza é uma profissão inadequada. São tristes desde o dia em que nasceram. Dançam para não morrer. Deixam o ontem para trás; um punhado de cinzas de uma fogueira temporária. Não pensam no amanhã, para que a distração não perturbe a pureza da improvisação. Hoje, hoje é todo o tempo que existe.

Esse trecho de Darwish me remete, de resto, a uma das muitas belíssimas cartas que Rilke escreveu, sobre o tema da perda e do luto, a conhecidos seus. Esta para o escritor e tradutor Reinhold von Walter, datada de 4 de junho de 1921:

> Você está certo: das tarefas que recebemos, nenhuma é mais incondicional do que o aprendizado diário de como morrer. Mas nossa consciência da morte é enriquecida não pela recusa da vida. É somente o fruto maduro do aqui e agora, quando apanhado e mordido, que espalha seu indescritível sabor em nós.

Mas que medo temos de falar da morte! É sempre preciso chegar-se a ela meio de banda, trazendo nos bolsos um punhado de alegria para engolir nos momentos mais duros. A morte não é fácil, não tem intermediários, desconhece adjetivos, recusa eufemismos. No entanto, a morte acontece sempre no hoje. Ela é uma fresta que se abre em todas as outras narrativas possíveis, soberaníssima, para dar passagem ao que há.

Cheguei no Rio às pressas, em plena pandemia. Um voo vazio, três ou quatro assentos ao dispor de cada um dos passageiros ali na classe econômica. Algo de fantasmagórico naquela cabine de avião.

Meu pai internado pelo agravamento da sua doença coronariana e por uma pneumonia, eu e meus irmãos nos revezávamos no hospital.

Quando não estava com ele, eu saía para longas caminhadas no Jardim Botânico. Talvez nunca tenha sentido tão intensamente e com tanta gratidão o silêncio e a acolhida daquele corpo forte, sólido, daquele festival de troncos e copas e caules e raízes e flores e frutos e bichos entrelaçados num museu verde que foi criado pelo homem, mas que, ao mesmo tempo, o homem não teria tido condições de criar não fosse a anuência das espécies que moram ali. O tempo outro do jardim, mesmo que pela rua reinasse a habitual barafunda de carros, ônibus, gente, bicicletas, motos na contramão.

A aleia dos paus-mulatos era um carnaval em agosto: as árvores estavam trocando de casca, com os troncos inteiramente bicolores, verdes e marrons. Aqueles troncos retilíneos e lisos, encerados, tão compridos (trinta, quarenta metros?). A copa proporcionalmente modesta, como se houvesse uma timidez qualquer por parte do que acontece lá em cima.

O pau-mulato é uma árvore nossa, nativa do Brasil, endêmica. Uma pequena panaceia amazônica, que catalogaram com o nome de *Calycophyllum spruceanum*. O tronco, de acordo com o que leio, tem muitas propriedades medicinais: antibacterianas, fungicidas, antioxidantes, inseticidas, emolientes e outras mais.

É uma memória da minha infância, também, essa árvore. Quando eu era menina, a roça era onde eu me sentia mais feliz. Meu avô materno tinha um sítio no município de Cordeiro, estado do Rio. Havia um ou outro pau-mulato por ali. Não eram muitos, mas eram umas vedetes. Tão bonitos. A minha descomunal timidez e a minha falta de traquejo social não precisavam constar do programa quando eu passava no sítio os meses de férias escolares: não havia risco, não havia público, era só um andar descalça durante três meses e trepar em goiabeira para comer frutos sempre bichados (a gente acaba desenvolvendo uma técnica para evitar o verme). Brincava dentro dos mata-burros com as crianças dali. Tomava banho no rio barrento com um maiô amarelo que tinha pertencido à minha irmã dez anos antes. Dançava, à noite, ao som de uma vitrola a pilha e ouvia histórias de fantasmas e demônios junto ao fogão a lenha. Levantava à noite para ir ao banheiro com uma vela acesa e um medo terrível dos fantasmas e demônios das histórias que tinha ouvido mais cedo. Amava tanto as jabuticabeiras que mais tarde criei, num romance, uma cidade fictícia chamada Jabuticabais.

Meus pais sabiam os nomes de todas as árvores. Dos arbustos. Das flores. Das aves. Dos insetos. Dos pequenos animais que vivem entre a mata e a civilização. Sabiam dessas coisas de convívio. Não tinham nascido em cidade grande. Eram ambos do interior do estado do Rio – meu pai natural de Vassouras, minha mãe de Nova Friburgo.

Conheceram-se no Rio. Casados, foram morar em Cantagalo, onde meu avô materno morava. Ali, com o primeiro salário de seu emprego no Banco do Brasil, meu pai comprou uma bicicleta. Ouvimos ele contar essa história umas quantas vezes, essa sua pequena narrativa de progresso. Eu gostava de ouvi-la, gostava de imaginar aquela vida em Cantagalo antes de mim, que nasci bem depois, quando já tinham se mudado de novo para o Rio.

Eram cidades de praças e igrejas, as suas. Cidades onde todo mundo conhecia todo mundo. Quando minha mãe morreu, eles estavam prestes a completar 58 anos de casados. Mais uns sete anteriores de namoro e noivado. Eram adolescentes quando se conheceram. Meninos que andavam de mãos dadas com um lenço entre elas porque meu pai suava demais.

No Rio, viveram juntos por meio século numa rua em Laranjeiras que outrora terminava na mata e, em algum ponto, passou a assistir impotente aos policiais do Bope correndo de manhã com seus aterradores gritos de guerra. A cidade foi ajustando sua lógica. À entrada do Bope, lá no fim da rua, por onde passei algumas vezes, a placa: SEJA BEM--VINDO. NÃO FAÇA MOVIMENTOS BRUSCOS.

Mas este texto não é sobre mim. Não intencionalmente, pelo menos, embora me venha à lembrança uma passagem de um ensaio em que Joan Didion fala do seu hábito de ter sempre à mão um caderno de anotações: "por mais que anotemos com grande zelo o que vemos ao nosso redor, o denominador comum do que vemos é sempre, de forma transparente e desavergonhada, o implacável 'eu'". E como discordar de Joan Didion? Mas tenho pensado em mim como personagem coadjuvante nesta história, espécie de ectoplasma que serve, talvez, somente para fazer a liga entre as histórias de outras pessoas.

Em seu maravilhoso livro *A ridícula ideia de nunca mais te ver*, Rosa Montero observa, a partir de uma passagem de Iona Heath, que num certo sentido nosso processo de luto é uma continuação da narrativa de quem se foi. O ser querido se cala, mas nós continuamos a lhe dar voz, continuamos a narrá-lo em nós – donde a comum necessidade de ver fotos antigas, recordar histórias, contar anedotas envolvendo quem se foi.

Esses dias, a Ana, minha irmã, me mandou duas fotos da nossa mãe na altura dos quarenta e poucos anos de idade, nos anos 1970. Ela parece tão jovem e bonita e feliz nas fotos, com seu violão, um sorriso na medida certa, e no olhar uma intensidade mansa, inescapável – como disse a minha amiga Raquel Abi-Sâmara, para quem mostrei as fotos. Lembramos. Queremos lembrar. Queremos reiterar de outras formas, no mundo, os que se foram. Saber quais outros parâmetros de existência eles vão adquirir, agora. Em que vão se metamorfosear.

Aqueles passeios no Jardim Botânico, nos dias que antecederam a morte do meu pai, foram também passeios com ele. E com minha mãe. Com eles, para eles, por eles. E eu via a jacupemba com a família, e o tiê-galo com aquele garboso barrete vermelho no corpo de penas pretas, eu via essas aves com eles, para eles, por eles.

Eram manhãs e tardes no meio da semana, quando o jardim estava relativamente vazio, ainda mais se eu fosse estrategicamente pegando as tangentes das aleias principais. Era possível caminhar por um bom tempo sem encontrar ninguém que não fosse bicho ou planta. Mesmo a famosa sumaúma de Tom Jobim estava ali sozinha, tranquila, sem ter de posar para fotos – a *Ceiba pentandra*, a árvore sagrada dos maias e de outros povos, que era sagrada também para o Tom. Antonio Callado publicou na *Folha de São Paulo*, no dia 14 de janeiro de 1995, pouco depois da morte do Tom, um texto em que conta:

Tom costumava fazer longas considerações sobre a sumaúma. Aliás, no Jardim Botânico, falante como sempre, Tom ficava meio vegetalizado, se assim posso me exprimir. Ao chegar perto de uma árvore favorita, adotava um dialeto e uma postura destinados mais a interpretar do que a descrever a árvore.

Uma pessoa ficar vegetalizada diante do imenso de uma árvore me parece uma atitude natural e digna. Para os maias, a sumaúma – ou, antes, a ceiba – ou, antes, a *ya'axche*, no idioma maia yucatec, a primeira árvore – é o *axis mundi* conectando o inframundo (Xibalbá), a terra e o céu. Ela também dá a medida horizontal da vida ao estender seus galhos nas quatro direções. Está no centro. No início. E a alma humana é a flor branca que nasce dos seus ramos.

Quanto poder não tem uma árvore. Mauricio Vieira publicou, em janeiro de 2020, um breve poema na coluna de poesia brasileira de Mariana Ianelli, no jornal *Rascunho*:

Sidarta Agostinho Newton
O que uma árvore não faz?

As árvores do Jardim Botânico do Rio de Janeiro fizeram muito por mim.

No fim da adolescência, eu ia com frequência passear entre elas, também sozinha. Levava na mochila um caderno. As árvores ouviam. E quantas vezes é só isso o que um adolescente quer: alguém que ouça.

Antes, ainda criança, no sítio do meu avô materno, o meu lugar preferido era onde as árvores se adensavam num pinheiral plantado pelo meu tio com sementes solicitadas a representações diplomáticas de vários países. Um pequeno museu dos pinheiros do mundo. E o silêncio que era, ali, quase amedrontador. Aquele mundo não precisava de mim para nada. Então, estar ali era uma espécie de privilégio, como entrar num templo não humano.

Mais tarde, eu e meu filho Gabriel passamos horas consideráveis juntos no Jardim Botânico, nos primeiros anos da vida dele, fazendo a curadoria de pequenos tesouros de pedras e folhas secas. Quando eu estava lá nos dias que antecederam a morte do meu pai, mandei para o Gabriel a foto de uma árvore pejada de barba-de-velho, a bromélia que o fascinava e que ele colecionava quando criança. O Jardim Botânico também tem um quê, para mim, de álbum de família.

E o acolhimento. O acolhimento do corpo extraordinário de um mundo infinitamente mais antigo do que o nosso, e muito menos nosso do que gostamos de acreditar – nós que conquistamos, dominamos, ocupamos, capturamos, exploramos, modificamos para que fique do nosso agrado.

A ecofeminista Val Plumwood fala que "a razão, na tradição ocidental, foi construída como o domínio privilegiado do senhor (*the master*), que concebeu a natureza como uma esposa ou um outro subordinado; esse outro abrange e representa a esfera da materialidade, da subsistência e do feminino que o senhor separou e construiu como estando abaixo dele".

Despir o rei, portanto, passa necessariamente pela compreensão da natureza (plantas, animais) não como um outro subordinado, mas só como um outro diferente. Ainda que o *Homo sapiens* compartilhe 60% dos seus genes com a banana.

Ah, a banana.

A história da banana: era o que meu pai tinha para levar de almoço para a escola, muitas vezes, quando morava numa pensão no Rio com os dois irmãos e a tia solteirona. E quantas e quantas vezes descasquei uma banana e pensei no almoço do meu pai naqueles tempos de juventude.

Era uma época da qual ele guardava muitas mágoas. O abandono. O pai e a mãe dele tinham se divorciado porque a mãe tinha um amante, embora o pai tivesse várias. E por isso a mãe havia perdido a guarda dos filhos e quase não conseguia vê-los. Alguns na família sustentam que ela sofria violência física por parte do marido. Minha avó Heloísa, que não cheguei a conhecer. Ela era funcionária dos Correios. Morreu uma década antes do meu nascimento. E depois do divórcio o pai do meu pai saiu por aí, e os meninos ficaram na pensão com a tia solteirona, vivendo com grande dificuldade financeira. Uma outra versão da história também corre: a de que Heloísa abandonou os filhos. Que então foram abandonados pelo pai também. De todo modo, há que se levar duas coisas em consideração: a primeira, que estamos falando dos anos 1940. Dá para imaginar os julgamentos tecidos sobre a conduta da mulher. A segunda, que de todo modo os três meninos sofreram as consequências.

Talvez a ferida do desamor e do abandono seja a mais incurável. A mais difícil de todas. Cinquenta, sessenta anos depois, meu pai ainda contava histórias dessa época sem meter muito profundamente o dedo na ferida, mas seus olhos se toldavam. Ele, que era a pessoa mais honesta que conheci na vida, foi uma vez acusado pelo próprio pai de roubo quando sumiu um dinheiro na pensão. E, no entanto, ele respeitava o pai, que visitávamos de quando em quando em Niterói. Eu era pequena. Hoje me pergunto se o respeito era meramente protocolar. O que sei? Mais uma vez, a minha narrativa das coisas é somente a minha narrativa das coisas.

Talvez meu pai tenha ficado tão gordo numa determinada época da vida por causa do milagre da multiplicação das bananas, por assim dizer. Sua forma preferida de demonstrar afeto era oferecer

comida às pessoas. Quando havia algum aniversário a ser comemorado em sua casa, ele comprava
as bebidas, os salgados, a torta, enchia a geladeira.
Depois achava que era pouco, saía e comprava mais.
E naturalmente as sobras ficavam ali intimidando
suas madrugadas por dias a fio. Meu pai gostava
tanto de Coca-Cola que não conseguia dormir sabendo que havia uma Coca-Cola inacabada na geladeira. Às vezes acordava no meio da noite para
liquidar com ela e, assim, poder dormir direito. E
no dia seguinte dizia estou com uma azia dos diabos,
não sei o que houve comigo.

Ele comia depressa, como se a comida fosse fugir
do prato, e minha mãe ficava exasperada com isso.
Ela suspirava alto para demonstrar o incômodo.
Mas ele não se fazia de rogado, nem fazia diferente.
Ela também não. Durante décadas aquele diálogo
mudo se manteve inalterado nas refeições.

Ela, por sua vez, comia lentissimamente. Tinha
medo de engasgar. Gostava da companhia do Duzo, meu irmão, à mesa, porque ele também comia
lentamente. Quando Ana apareceu um dia com o
namorado que viria a ser seu marido e pai dos seus
filhos, minha mãe estava comendo não sei o quê na
varanda, uma fruta. Levou um susto, engasgou e
pulou, sem ar, no pescoço do futuro genro. O quan-

to rimos desse episódio, depois. Pobre Jorge indo conhecer a família da namorada e a louca da mãe da moça se atirando para cima dele, enlaçando-o com os dois braços. Ela também ria, mas sempre acrescentava, ao fim: vocês não sabem o que é isso de engasgar. É horrível. A pessoa acha que vai morrer.

Minha mãe fez um penteado elegante para o casamento da Ana. Era o início dos anos 1980. Em mim fizeram um monte de trancinhas presas num rabo de cavalo que me deixava com uma admirável cara de lua cheia. Eu tinha onze anos e vários quilos a mais do que precisava. É que meu pai adorava me levar para lanches noturnos no Bob's do Largo do Machado. Acho que eu era o seu álibi. Ele chegou com Ana de carro na igreja, e quando ela viu a quantidade de gente ali à sua espera disse a ele não vou. E ele brigou feio: você não seja boba e desça deste carro agora. E ela desceu, mas passou o casamento inteiro achando que seu vestido estava aberto nas costas. Não estava. Ela estava lindíssima, uma beldade. Eu olhava, fascinada, de dentro da minha plebeia lua cheia.

Quando Ana abriu o armário do meu pai, depois que ele morreu, para que eu escolhesse alguma coisa que quisesse levar de recordação, a frugalidade que marcou a vida daquele homem por quase noventa anos voltou a me impressionar.

Mesmo tendo conseguido se ajeitar financeiramente a partir de um determinado ponto da vida, graças ao trabalho, muitíssimo, o dinheiro não sobrava, porque o que tinha ele distribuía para a família inteira, eu incluída. Não era só por causa disso, contudo, que ele usava o mesmo par de tênis (o mais barato que encontrava na sapataria) até furar. Nos Natais, que coincidiam com o seu aniversário, ganhava os tradicionais pijamas, camisetas e bermudas, e ficava radiante: agora tenho roupa nova para o ano inteiro. Meu pai não estava nem aí para as posses materiais, essa é a grande verdade. Até onde a saúde lhe permitiu, cortou o cabelo (o que restava do cabelo) com o mesmo barbeiro numa galeria furreca na rua das Laranjeiras, ajeitando-o depois com o gel fixador que saiu de moda e voltou à moda sem que ele tomasse conhecimento.

Eu trouxe comigo uma camiseta sua, branca, que fica imensa em mim, tão deliciosamente imensa que me pergunto por que não uso roupas somente desse tamanho. Quando visto essa camiseta é como estar sendo abraçada por ele. Abraçada pelo meu pai. Como quando eu era criança e ele se deitava para ver televisão no sofá e eu me deitava junto a ele, num espaço que se formava entre o seu corpo, grandalhão, e o encosto do sofá. Não importava muito o que estivesse passando na tevê – o noticiário, uma novela, um jogo de futebol.

Também fomos uma família infeliz à nossa maneira, naturalmente. Tivemos os nossos dramas – quero que Tolstói me aponte a família feliz, aquela à qual se referia. Aliás, elencar Tolstói é uma elitização da nossa por vezes mexicana novela. Tive a minha parcela nisso, de resto. Ou talvez a felicidade e a infelicidade sejam como pontos de ônibus, passa um, passa outro.

De todo modo, era bom estar ali, com meu pai, naquela casa que era a companhia dele e da minha mãe. Naquela casa que foi a companhia dele e da minha mãe durante tantas décadas, mesmo depois que me mudei para outro país e passamos a nos ver uma, duas vezes ao ano. O fato de saber que eles existiam era uma casa. Eles eram o meu país natal.

Depois que minha mãe morreu, meu pai passou a associar a presença dela às visitas dos bem-te-vis. Havia muitos nos arredores do apartamento deles em Laranjeiras. Quando ele estava hospitalizado, certa tarde um bem-te-vi pousou na janela, conforme me contaram. E no velório que fizemos para ele antes da cremação – um velório abreviado e ao ar livre, por questões sanitárias envolvendo o fato de ele ter sido vítima da covid –, um bem-te--vi veio pousar e cantar na árvore junto à capela a céu aberto.

Tantas e tantas narrativas nas nossas vidas, tantos e tantos mistérios que não queremos torturar sob um interrogatório iluminista. Mistérios que queremos deixar em paz, mistérios que devem permanecer mistérios, altares nos quais possamos depositar a nossa fé e o nosso amor. Feito esse do bem-te-vi.

Um *koan* zen budista muito famoso conta a seguinte história:

Dizan perguntou a Fazan:

— Aonde você está indo?

Fazan respondeu:

— Saio em peregrinação.

— Por quê?

— Não sei.

— Não saber é de uma grande intimidade.

Amor: minha mãe me dizendo que não entendia esse negócio de budismo, que não entendia esse negócio de meditação (a pessoa fica *mesmo* sem pensar? Como é *possível* a pessoa ficar sem pensar?). Mas que ela achava que eu estava mais calma. Que estava me fazendo bem.

Amor: meu pai com herpes no lábio no dia do lançamento do meu primeiro livro, em 1999, mais nervoso do que eu.

Amor: minha mãe debruçada sobre aquela máquina de costura velhíssima, presente do pai dela, fabricando uns vestidos para mim.

Amor: meu pai ir me levar, a mim e ao Gabriel, ao aeroporto, quando nos mudamos de país, em fins de 2006. Eu olhar para trás antes de sumir na fila do embarque e vê-lo às lágrimas, mas ainda assim acenando, acenando, vão em paz, que tudo dê certo para vocês.

Amor: eu ser capaz de me lembrar disso. De me lembrar disso entre outras coisas menos nobres, menos bonitas, menos sãs, e saber: amor ainda assim. "Amar teus velhos/ Sobre todos os desperdícios", escreveu Mariana Ianelli. Amor imperfeito, coriscado de palavras rudes – quantas! –, de momentos dos quais não nos orgulhamos nem um pouco, mas que compõem, ainda assim, a matéria variegada do humano.

E há o quanto se ri de tudo, também. Sendo o riso uma panaceia prima do pau-mulato, quem sabe. Tivemos um acesso coletivo de riso no dia da morte da minha mãe, quando meu pai pediu que alguém telefonasse para a igreja tal em Botafogo e marcasse a missa de sétimo dia que ele queria mandar rezar.

Ana se prontificou a entrar em contato com o diácono. Veio a dúvida: gente, como a pessoa se dirige a um diácono, alguém sabe? Senhor diácono? Começaram os palpites do restante da família. Seu diácono? Doutor diácono? Sua Eminência? Sua Santidade (nesse ponto já estávamos entregues ao deboche)? Meritíssimo? Excelentíssimo? Vossa Onipotência?

E por uma bobagem desse calibre rimos de doerem os músculos da barriga. Meu pai inclusive, que assistia a tudo aquilo com a expressão atarantada de quem ainda não está cem por cento convencido de que a ordem do dia é para valer. E de algum modo aquilo nos unia também, o riso endoidecido, vândalo, o riso muito acima da medida. Era todo o tempo que existia, naquele momento, aquele riso.

Marguerite Duras disse que "escrever é tentar saber o que escreveríamos se fôssemos escrever". Então, toda escrita é um improviso, mesmo quando se tem tudo perfeitamente planejado – "perfeitamente planejado" é, ademais, uma contradição de termos, como a vida deixa claro todos os dias.

Estou aqui, com este texto, enquanto o céu se ilumina de pássaros e a casa ainda dorme. A vida é um não saber o que virá. De modo que, talvez, mais do que viver para narrá-la, vivamos ao narrá-la. Ou: viver é narrá-la, é compô-la, improvisá-la o tempo todo. Rosa Montero também diz algo assim: "para viver temos que nos narrar". Talvez as narrativas escritas ou inventadas e a narrativa da nossa vida tenham um parentesco muito próximo.

Será por isso, quem sabe, que contamos histórias? Para reproduzir a vida como num infinito jogo de espelhos e, desse modo, ter a impressão de que ganhamos certo poder mágico sobre ela? Por outro lado, como saber parar antes que baixe em nós a compulsão do sentido último das coisas? Do fim da linha? Como respeitar aquele mistério ao qual me referi antes?

"O comentário prolonga de maneira interminável a linguagem; está a serviço de uma busca impossível de se extrair a última, a derradeira gota de significado", escreve Peter Schwenger num livro sobre a arte da escrita assêmica – uma escrita composta de grafismos e alfabetos alternativos, uma escrita sem semântica, que não "quer dizer". Então, quem sabe na busca de sentido da nossa vida seja possível incluir também a aceitação da falta de sentido. Que parece ser a tônica, tantas vezes. Mas não para cair na centrífuga niilista. Somente para reconhecer, com um sorriso e com uma mesura, o quanto dessa experiência nos ultrapassa.

O budismo tem uma fascinante concepção da ideia de "eu". Que é, precisamente, a de que esse "eu" talvez não seja localizável, pelo menos não da forma totalitária como estamos habituados a pensar nele.

Misteriosíssimo e contraintuitivo isso. Se passamos o nosso tempo, afinal, protegendo, cultivando, ornamentando, não raro cultuando esse suposto eu. Se chegamos ao ponto de transformá-lo em produto, nós como nossos próprios bens de consumo, esse talvez o projeto neoliberal mais perverso, como disse meu amigo Rafael Gallo recentemente numa conversa que tivemos – bastam cinco minutos nas redes sociais para atestar isso. E que belos e patéticos somos, crianças pequenas afirmando incessantemente seu valor num mundo povoado por outros sete bilhões de crianças pequenas que fazem o mesmo.

O que será o meu eu senão mais uma narrativa, composta de uma variedade de experiências de ordem física, mental e emocional? Um outro mistério inapreensível. Uma narrativa que se constrói o tempo todo. Se eu escrevo "sou escritora", "sou brasileira", "sou mãe" – essas são narrativas com as quais me elaboro. Tenho, ademais, minha própria concepção do que é ser escritora, do que é ser brasileira, do que é ser mãe. Que certamente é diferente da de outras escritoras e de outras brasileiras e de outras mães. E isso é cambiável de um momento ao momento seguinte. Identidades muito mais sutis também. Onde realmente estamos, no meio de tudo isso, na "confusão da biografia humana", para usar as palavras de Philip Roth?

Mais curioso e complexo tudo fica quando nos damos conta de que esses castelos medievais do nosso eu não nos trazem, necessariamente, equilíbrio e bem-estar, embora possamos alegar que tudo aquilo que fazemos, inclusive como coletivo, é buscar a felicidade. Mas o sistema não encontra repouso atrás das trincheiras do eu. Sabemos que o que grassa mesmo nas redes sociais, por exemplo, é a ansiedade e a competitividade (não digo nada de novo). Para Byung-Chul Han, "a mídia social constitui um grau zero absoluto do social". Ele alerta que essa "total interconexão e total comunicação por meio digital (...) nos atrai a um *loop* infinito do ego, levando-nos, em última instância, a uma 'autopropaganda, doutrinando-nos com as nossas próprias ideias'" (nesse trecho final ele está citando Eli Pariser).

Compomos as nossas narrativas, o que está muito bem se pensarmos em termos meramente instrumentais, para funcionar no mundo, mas nos identificamos com elas às raias do desespero. E no processo, emparedamos também as pessoas que conhecemos e com as quais nos relacionamos nos conceitos que temos sobre elas, nos papéis que desempenham em nossas vidas.

Duas das narrativas mais importantes da minha vida, com as quais me defini durante muito tempo, estão agora sendo dissolvidas. Uma delas é o apartamento dos meus pais em Laranjeiras. A outra, o sítio no município de Cordeiro, que antes pertencia ao meu avô materno e depois foi desmembrado, ficando minha mãe com uma pequena porção da propriedade.

Nasci e cresci nesses lugares, escrevi neles, sobre eles, usando-os como cenário. Acompanham meu trabalho literário, direta ou indiretamente, desde sempre. E durante toda a vida relacionei esses lugares à vida dos meus pais. A estar com eles, morar com eles, ser recebida por eles quando já não morava mais lá. Ao acolhimento deles, à música que tocavam, à comida-afeto que ofereciam, ao café fresco no meio da tarde enchendo o ar de alegria, aos bem-te-vis, aos micos nos galhos do flamboyant, aos cachorros latindo para os micos. Às maritacas fazendo ninho no forro da casa, no sítio. À buganvília florida como um acontecimento. À minha mãe debruçada sobre seu tricô. Ao meu pai assistindo à TV Senado por puro exercício de incredulidade e indignação.

O apartamento e o sítio estão sendo postos à venda no momento em que escrevo isto, o que equivale a uma espécie de segundo luto se sobrepondo ao luto pela perda dos meus pais. E o apartamento e o sítio estão à venda, é claro, por causa da perda dos meus pais. Porque na verdade não temos recursos nem motivos para mantê-los. Num último gesto, espalharemos as cinzas do meu pai no sítio, junto às da minha mãe, no mato, na terra, aquela terra que nos deu tanto.

Quem comprar fará não sabemos o quê. Derrubará paredes? Arrancará árvores, plantará outras? E o que será dos jardins, o que será das azaleias da minha mãe na jardineira, na varanda em Laranjeiras? E por que será que ainda penso nelas como as azaleias da minha mãe? E como sente tudo isso a Ana, que mora no apartamento em Laranjeiras? Ela se mudou para lá há alguns anos, para cuidar do meu pai (e das azaleias). E como sente tudo isso o Duzo, que mora no sítio neste momento, e tem depositado ali dedicação e trabalho há tempos?

Eu moro longe há mais de uma década e meia. Desde aquela despedida no aeroporto, eu e Gabriel de mãos dadas embarcando rumo a uma outra vida. Então, quem sabe também por esse motivo esteja debruçada sobre este texto: para saber o que escreveria se fosse escrever (sobre tudo isso). Para completar algumas das lacunas. Sabendo que há as incompletáveis. Há o ruído que nunca vou conseguir decompor em palavras. O grafismo sem sentido que permanecerá grafismo sem sentido. O silêncio que não é possível condensar em discurso algum.

Quando Ana me mandou as fotos da nossa mãe tão linda e alegre nos anos 1970, inicialmente olhei para elas e senti um grande bem-estar. Ver minha mãe assim, uma segurança tranquila no olhar, um sorriso tão à vontade. E o que será que se passava em sua vida naquele momento, naquele dia específico, para que estivesse tão alegre e tão bonita. Justapondo-nos num breve exercício ficcional, estou hoje mais velha do que minha mãe naquelas fotos. E logo vinha a tristeza por não poder pegar o telefone e comentar isso para rirmos juntas um pouco. E depois a alegria voltava, porque, afinal, ela estava tão bem naqueles registros. E em seguida uma aguda tristeza de novo, a mordida da falta, da saudade. Às vezes a passagem de um sentimento ao outro era tão rápida que era como se eles coexistissem. A porta giratória do mundo. Carnaval, *Día de muertos*, procissão, templo, floresta, arranha-céu. Uma banana e um bem-te-vi.

Tantas vezes abordar o tema da morte significa abordar o tema da vida – e vice-versa.

"Jamais fazemos um livro sozinhos", disse Marguerite Duras numa entrevista, em março de 1968. "É a partir de uma enorme experiência do outro que fazemos um livro. Nunca é a inspiração na floresta, compreende? A inspiração na floresta vem após vinte anos de uma vida comunitária". E o que é uma vida comunitária, a partir da qual fazemos os nossos livros e as nossas vidas, senão, também, a cotidiana experiência da morte?

O grande tabu. Livros que tratam essencialmente da morte são com frequência tidos como "deprimentes". Meu romance de estreia levava o título de *In memoriam,* mas a minha editora da época disse assim você vai enterrar o seu livro. Trocou-se para *Os fios da memória.* Quando eu estava apresentando o romance *Hanói* num encontro em Pointe-à-Pitre, Guadalupe, uma leitora veio falar comigo e me dizer que tinha comprado outro livro meu, porque aquele negócio de morte para ela não dava não. Livros com essa temática são com certa frequência vendidos por seus editores como grandes "celebrações da vida", numa espécie de *disclaimer*. O que talvez não deixe de ser verdade, em vários casos (é possível que isso valha para *Hanói*). Mas os próprios autores muitas vezes encontram dificuldade em ocupar esse espaço da narrativa da morte, da experiência do luto e da dor.

Eu mesma escrevi muito sobre esse tema em meus romances (em quase todos, acho), e de algum modo isso sempre "se explicava" ou "se justificava" como sendo na verdade uma investigação da vida e dos afetos. E, de algum modo, meus personagens quase sempre encontraram alguma espécie de redenção após terem cumprido essa travessia que geralmente envolve a experiência dura da perda.

Mas a verdade é que não "superamos" uma experiência de perda. Não a deixamos para trás. Ela nos modifica para sempre, e a questão que passa a se colocar é como seremos dali por diante.

Duzo me disse isso quando deixávamos o cemitério após a cremação do nosso pai: que ele não sabia o que mudaria em sua vida dali por diante, mas que ela não seria a mesma. Que não tinha como ser a mesma.

Num certo sentido, não apenas algo muda, necessariamente, mas também sentimos que algo *precisa* mudar. Como teremos a desfaçatez de continuar sendo os mesmos, com nossas picuinhas, fofocas, intrigas, intolerâncias, nossos interesses rasos, nossos enredos cheios de uma espécie de maníaco agigantamento de nós mesmos e incessante demérito dos outros? Com o poço sem fundo dos nossos quereres, correndo sempre atrás de nós mesmos, exaustos de falta de propósito?

"Jamais fazemos um livro sozinhos", disse Marguerite Duras. Penso na profusão de vida e morte de um jardim, uma tão imbricada na outra. Em todas as experiências de vida e morte que levaram Duras a escrever seus livros. Duras, Rosa Montero, Joan Didion, tantas outras e tantos outros. E, no entanto, que canhestros ainda somos diante da morte.

Talvez não saibamos como transformar a experiência do luto numa experiência coletiva – sobre a qual se fala, que se vive abertamente, sem que seja preciso pedir desculpas pelas lágrimas que vêm. Ou que não vêm. Porque o luto é ilógico, ainda por cima. "Vivemos o luto de acordo com o nosso temperamento", escreveu Julian Barnes em

Os níveis da vida – o primeiro livro que li depois da morte da minha mãe:

> Um amigo morreu, deixando esposa e dois filhos. Como eles responderam? A esposa se pôs a redecorar a casa; o filho foi para o estúdio do pai e não emergiu dali até ter lido cada mensagem, cada documento, cada sugestão de prova deixada para trás; a filha fez lanternas de papel para flutuar no lago onde as cinzas do pai seriam jogadas.

Sentir a morte de alguém é ter em nós, profundamente, "a enorme experiência do outro". Saber, com o estômago, com os intestinos, que a dor que se sente é *por causa* de um afeto imenso, *por causa* de um amor. E, portanto, uma dor de incontestável nobreza. Precisamos dela, precisamos que ela doa, para que a passagem desse outro pelas nossas vidas não tenha sido em vão.

Minha mãe tinha o dedo verde. As plantas a amavam. Os bichos também a amavam. E as crianças. Tudo o que era rebento, broto, botão de flor a amava. Tudo o que estava no berço.

Ela era, tantas vezes, a mulher que cuidava. Que olhava, que zelava. Tinha uma coleção de violetas que floriam felizes porque ela sabia a quantidade certa de água e luz. Sabia quando mudá-las de lugar na varanda porque o sol estava castigando. Sabia localizar as lagartas, pobres lagartas, na renda portuguesa e nas samambaias americanas, suas plantas jurássicas. Ficava furiosa quando os sebinhos cortavam os botões das flores das azaleias. Mas ficava furiosa do seu jeito manso. Raras vezes vi minha mãe perder a cabeça. O pior evento de que me lembro foi durante um almoço, uma discussão impossível. Ela pegou a garrafa d'água, levantou-a uns centímetros da mesa e bateu com ela de volta, com força, mas sem força. Não derramou água e a garrafa era de plástico. O susto que levei não foi pelo gesto em si, foi pelo fato de ser *minha mãe* executando aquele gesto. Perto dela, sou uma vilã de revista Marvel.

Mas é claro que essa é só uma versão sua. Ademais, houve o escambo de algumas mágoas entre nós duas. Palavras que foram ditas e não deveriam ter sido, atitudes que foram tomadas e não deveriam ter sido. Reconhecê-lo é facilitar o amor, é entender que ele não precisa, para existir, consagrar-se a um ser imaculado. Sei de tudo isso quando olho para a fotografia dela que ladeia a minha mesa de trabalho. Sei de tudo isso ao manter como companhia, também aqui do lado, o violão que ela tocou tão bem e por tantos anos. É o meu anjo da guarda esse violão.

Mais uma vez, porém, tudo isto é um recorte. A versão que faço, hoje, neste momento, de uma pessoa complexa e inapreensível. Nunca vou saber, na verdade, quem exatamente foi a minha mãe. Tudo o que ela nunca me disse, para lá do que me contou, do que vivi com ela. Minha versão. Meu pai tinha outra, outras, meus irmãos terão outra, outras. Quem sabe, por terem nascido uma década antes de mim, eles conheceram uma Gilda diferente, uma Gilda que só me é franqueada por fotos e relatos.

Gostaria de poder pegar o telefone agora e pedir que ela me contasse algumas anedotas da sua infância, para que eu as registrasse aqui neste texto. Que, no entanto, só escrevo porque não posso pegar o telefone e falar com ela. Ou com meu pai.

A infância da minha mãe em Cantagalo, naquela casa austera – para mim era uma casa divertida, porque eu brincava com meus primos no quintal, na rua, porque tudo era liberdade, mas hoje sei o quanto era austera. Quanto será que herdamos dos nossos e nem sabemos? Eu achava minha avó materna, Marieta, adorável, como achava adorável também o avô, Bento Luiz. Meu pai, que chamava o sogro de seu Lisboa, dizia: Seu Lisboa não era fácil. Dona Marietinha trazia o café das visitas e ele exclamava mulher, o café está gelado! E minha avó queria se matar de vergonha. E eu achava esse avô adorável. Ele tinha uma carpintaria onde reformava relógios antigos. Uma vez fez uma cama para mim, com uma casinha de bonecas embaixo.

Lembro-me do dia em que minha mãe perdeu a mãe dela. Eu era criança pequena, mas tenho a cena na memória, minha mãe chorando abraçada ao meu pai, na sala de casa. Chorando baixo, sem descontrole. Informaram-me do acontecido. Disseram que eu podia faltar à escola, se quisesse. Só muito mais tarde eu soube o que aquele choro baixo significava. Do devastador que foi, para minha mãe, perder a minha avó – aquela senhorinha que na minha memória tem sempre um lenço amarrado na cabeça e usa um vestido preto de bolinhas brancas.

Minha mãe era Gilda. Gilda Maria. Nascida no dia 26 de junho de 1933. Signo de Câncer, assim como o pai dela, o meu irmão, o filho dele, o meu filho. Às vezes contava histórias dos bondes do Rio de Janeiro, histórias que agora tenho uma vontade infinita de ouvir de novo. Histórias às quais prestei talvez muito pouca atenção quando ela me contou. Escapam-me os nomes que ela citava, os nomes das pessoas que foram importantes em sua vida quando ela era moça.

Acho que morou em Santa Teresa. Sei que em algum momento estudou pintura com Manoel Santiago, mas nunca vi um único quadro dela. Embora fizesse para mim uns desenhos que me traziam, não sei por quê, uma nostalgia do tamanho do mundo. Minha mãe era uma artista que nunca foi artista. Estudou piano. Tocava violão como uma virtuose, até que parou de tocar, quando meu pai se aposentou. O que ficou da Gilda artista foram os trabalhos de tricô e crochê.

A psiquiatra suíça Elisabeth Kübler-Ross foi quem desenvolveu o hoje célebre modelo dos cinco estágios do luto. Luto esse que pode se referir a uma gama bastante grande de experiências de perda: o fim de um relacionamento, por exemplo. A perda da juventude, suponho – na minha experiência pessoal, essa foi uma consciência que veio de repente, e não progressivamente, o que acho estranho e curioso. O luto também pode ser pela própria morte iminente, no caso de doentes terminais. Os estágios são: negação, raiva, barganha, depressão e aceitação. Esses estágios não são lineares, não precisam acontecer nessa ordem, e nem todas as pessoas passam por todos eles.

Minha mãe morreu no início de um mês de fevereiro, um verão carioca de flamboyants deslumbrantes nos arredores de seu apartamento e por toda parte na cidade. Um flamboyant atrás do outro. Festa do fogo num signo de ar. Dos estágios listados pela dra. Kübler-Ross, reconheço em mim, àquela época, a raiva. Raiva, raiva, raiva, raiva.

O ano era 2014. Meu pai me telefonou numa quarta-feira dizendo venha. Venha já. Eu acabava de chegar de uma viagem de trabalho para um país do outro lado do Atlântico. Comprei uma passagem hiperfaturada para o Rio de Janeiro e fui.

No Colorado, onde eu morava, nevava muito, fazia o frio tradicional daquela época do ano: dez, quinze graus negativos. Tudo parecia imóvel e distante. A raiva começou no aeroporto em que fiz conexão. Raiva das pessoas em suas vidas normais, o que acho que é bastante comum nessas situações. Raiva das propagandas estúpidas nas lojas, homens e mulheres lindos a bordo de veleiros, com suas roupas de banho brancas contra um céu azul para anunciar um perfume. Raiva do cheiro da comida que vinha das praças de alimentação, das pessoas com a cara metida em hambúrgueres e refrigerantes. Raiva do riso dos outros, da conversa dos outros, dos brasileiros que voltavam para casa após suas férias estadunidenses ostentando novas roupas com logotipos em letras garrafais.

Quem me salvou foi o *Clube da Esquina*. Meti um par de fones de ouvido para apagar, com Milton Nascimento e seus parceiros, o mundo do lado de fora, e embarquei. Ouvi o disco não sei quantas vezes, esse disco que me acompanha desde os primeiros anos da adolescência.

Ao chegar no Rio, mais raiva, raiva do motorista de táxi que queria conversar sobre política. Raiva da política. Fazia um calor de quarenta graus.

Mas eu sentia raiva sobretudo de mim. Por que tão longe, há tanto tempo? Por que viajei a trabalho e não vim, por que não vim antes, por que não vim assim que minha mãe foi internada, já faz mais de um mês? E por que sentir essa culpa ridícula e inoportuna?

Raiva da culpa. Raiva da raiva.

Até poucos dias antes, ninguém sabia o que havia com ela. Qual era o problema. A cada hora aparecia alguma coisa, algum novo sintoma, alguma proposta de diagnóstico. Meu pai e meus irmãos já não confiavam mais nos médicos. Até que finalmente se descobriu o câncer de cólon que eu suspeito que ela já soubesse que tinha, porque é uma doença de evolução muito lenta. Mas minha mãe não queria saber de exames ou tratamentos invasivos. De certo modo, ela escolheu: preferia que sua morte fosse assim. Sem que tivesse que passar por uma longa temporada de exames e tratamentos. Exames e tratamentos que talvez ela não fosse ter coragem, por nossa causa, de recusar. Mas que a bem da verdade não queria: ela não queria. Ela era uma pessoa quieta, caseira, desafetada, que desejava viver sem grande estardalhaço e morrer sem maiores rapapés. Acrescente-se que era medrosa também. E que às vezes não olhar para o problema era sua melhor estratégia para lidar com ele.

Feito o diagnóstico, meu pai me telefonou, eu peguei um avião e cheguei no hospital quando ela saía da cirurgia. Tudo tinha dado certo. Só que não ia continuar dando certo. Uma semana depois, ela morreu de septicemia. Ainda hoje me lembro com nitidez, no corpo, no estômago, da sensação de achar que a qualquer momento a morte dela podia ser de algum modo desfeita, revertida, que alguém ia dizer bom, vamos então tentar outra coisa. Não era possível aceitar o fato de que fosse definitiva.

Vou falar de flamboyants neste parágrafo. Ainda trago no corpo a memória dessa sensação: a morte da minha mãe foi a experiência mais brutal pela qual passei na vida. E os flamboyants, os flamboyants floridos em toda parte. Esses que saíram de Madagascar e ganharam as zonas tropicais do planeta. Que viajaram até o Brasil à época de d. João VI e ficaram. E a beleza é uma das formas de expressão do mundo para nós. Essa luxuriante, exuberante, sedutora riqueza das flores de um flamboyant. Que sejam muitas e que sejam de um vermelho-vivo quase demasiado, quase insuportável, naquele telhado extenso sobre as nossas cabeças, e isso basta em termos de paraíso. E se você sai de uma morgue (nunca pensei que fosse ter coragem de escrever sobre isso), e se você sai de uma morgue onde fez o reconhecimento do corpo de sua mãe. Eu, meu pai, Duzo e Ana. Os quatro precisamos entrar para ver por conta própria. O corpo com os chumaços de algodão no nariz. Tirem isso, por favor, tirem isso porque ela assim não consegue respirar. Tão simples, tão cotidiana, ao mesmo tempo, essa morte. Tão sem alarde, como ela queria. Uma morte anônima. Os olhos fechados como quem dorme. E, no entanto, não era mais ela, não era mais ela, como é possível. Que não fosse mais ela. E as flores dos flamboyants abertas em oferenda como pequenas mãos, aqui, aqui. A beleza daquelas flores absolvendo toda a tragédia da cidade, as tragédias coletivas, as tragédias individuais. As pequenas e as grandes tragédias. Soberanas aquelas flores. E foi preciso começar e encerrar este parágrafo com elas, porque o que está no centro é um mistério que não tenho

como tocar. Que toquei. Que não tinha, que não tenho como tocar. Que toquei. Ave, flor de flamboyant,
cheia de graça. Bendita sois vós.

As canções mais populares das serestas que aconteciam lá no apartamento em Laranjeiras, quando eu era criança: "A volta do boêmio", "Andança", "A deusa da minha rua", "Sem fantasia":

Eu quero te contar
Das chuvas que apanhei
Das noites que varei
No escuro a te buscar

Eu quero te mostrar
As marcas que ganhei
Nas lutas contra o rei
Nas discussões com Deus

Chico Buarque, nosso gigante. "Gente humilde", que minha mãe cantava sempre. Meu pai tinha um vozerão de Orlando Silva. Nas suas últimas semanas de vida, já quase sem conseguir articular a fala e privado de praticamente qualquer movimento do corpo, ele ainda fez uma breve performance para a fonoaudióloga do hospital, quando ela lhe perguntou se ele gostava de cantar: "A deusa da minha rua/ tem os olhos onde a lua/ costuma se embriagar". Muito baixinho. Mas afinadíssimo. No dia seguinte, pus para tocar para ele essa canção, na interpretação de Nelson Gonçalves. Coloquei o celular bem perto do seu ouvido, porque ele também já estava quase surdo. Mas ele fazia que sim bem de leve, muito de leve, com a cabeça, acompanhando a melodia. Até esse simples movimento já lhe falhava. Mas acho que conseguiu ouvir.

Eles eram bambas, ele e minha mãe. Foi por causa deles que me interessei em começar a estudar violão, aos treze anos, mas nunca fui tão boa quanto ela. Na minha adolescência, durante alguns anos, ambas tivemos aulas n'Os Seminários de Música Pro Arte, a histórica escola em Laranjeiras, que já não existe mais. Uma vez tocamos juntas um arranjo para dois violões de "Sons de carrilhões", de João Pernambuco, numa apresentação de alunos. Mas ela era muito melhor do que eu. Uma década mais tarde, quando eu já tinha trocado o violão pela flauta transversa (o instrumento que Mozart mais odiava, apesar de ter escrito dois belos concertos para flauta e mais um para flauta e harpa), voltamos a tocar juntas, eu, ela e minha sobrinha Carla. Fizemos uma performance em casa, no Natal. Meu pai emocionado às lágrimas. Ele era de se emocionar às lágrimas.

Meu pai era Arnaldo. Arnaldo Jorge. Mesmo nome do pai dele e mesmo nome do meu irmão, que chamamos de Duzo. Nascido no dia 25 de dezembro de 1931. Apreciava ópera, gosto que adquiriu sozinho. Mas não ia aos teatros assistir. Só ouvia em casa mesmo. Às vezes um vídeo na televisão. Tinha um apreço imenso pelo canto. Dizia que, se tivesse estudado, teria sido na área do Direito, que ele admirava. Achava bonita a retórica dos tribunais. Mas eu acredito que ele também teria gostado de ser cantor profissional, tivesse a vida ido por aí. Daqueles que antigamente as pessoas chamavam de *crooner*.

As serestas lá em casa eram um improviso. Chamavam de "assustado", porque as pessoas saíam do trabalho, cada um passava numa padaria ou num mercado para pegar qualquer coisa para comer e beber, e apareciam de susto. A primeira vez que me dei conta de que era assim que funcionavam aqueles encontros foi numa noite em que eu estava na janela que dava para a rua e vi meu pai chegando do trabalho e gritando avisa à sua mãe que hoje tem assustado. Eu lá sabia o que era aquilo. Sem o menor senso de urgência, fui calmamente ver onde minha mãe estava, na cozinha, na área de serviço, e disse mãe papai está chegando aí e mandou dizer que hoje tem assustado. Ela nem respondeu. Saiu em disparada arrumando as coisas na casa, desligando televisão, tirando as pilhas de roupas passadas de cima da mesa (pode ter sido assim, embora esse último detalhe eu já esteja imaginando).

E eu ficava por ali, ouvindo aquelas cantigas. "E agora que cheguei/ Eu quero a recompensa/ Eu quero a prenda imensa/ Dos carinhos teus".

Depois que minha mãe morreu, meu pai nunca mais ouviu música. Nunca mais. Desfez-se do aparelho de som que ficava na sala, desfez-se da sua pequena coleção de CDs. A casa perdeu sua musa. Sua música.

No verão de 2014, fui do aeroporto internacional do Galeão direto para o hospital. Minha família também aguardava lá embaixo, na entrada. Mostramos nossos documentos de identidade, colamos na roupa as etiquetas que nos entregaram e tomamos o elevador.

O sorriso da minha mãe ao me ver na UTI. Os dentes um pouquinho sujos de sangue, ainda, da cirurgia de que ela acabava de voltar. E as palavras, as palavras de afeto, dizendo que eu estava linda, mas eu não estava linda, eu não estava linda, trazia a preocupação estampada no rosto e acabava de chegar de uma viagem longa, estranha e longa, além de estar enfrentando uma série de problemas pessoais de que ela nem sabia – mas para ela eu estava linda. E esse sorriso é das lembranças que guardo em meio a uma porção de esquecimentos. É a minha flor.

O prognóstico era bom. A cirurgia tinha sido um sucesso – fizeram uma colostomia e ela não tinha metástases. Por uma semana, ainda, estivemos com ela. Minha mãe, um amor que ocupa esse lugar tão seu, sem temer nenhum daqueles clichês: a que me levou nela, com ela, em seu corpo, a que me deu à luz. (Sugestão para oficina literária: quando quiser escrever um clichê, é só dizer antes que sabe que é um clichê e pronto).

Também trouxemos problemas uma à outra, suponho. Ela engravidou de mim quando a vida talvez já não quisesse mais filhos. Ana já tinha doze anos quando nasci, Duzo tinha dez. E de repente eis a casa de novo povoada por um bebê – e um bebê é um povoado inteiro. E meu pai? Será que ele se ressentia daquela invasão?

São as minhas narrativas, é claro. Não sei se por conta de tudo isso eu e ela desenvolvemos uma relação quase simbiótica: eu e minha mãe *versus* o resto do mundo. Que complicou minha vida (e a vida dela) de várias maneiras. E tome psicanálise. Talvez também por esse motivo eu tenha saído de casa aos dezoito anos recém-completos e me mandado para um outro país – para a França, onde ganhei a vida cantando MPB na noite. Mas depois voltei para a casa dela. E saí de novo. E voltei de novo. E saí de novo, por fim em definitivo. Como se antes estivesse ainda numa órbita.

Esse apartamento que está sendo posto à venda significa tudo isso. A órbita quase inescapável, mas também a bússola do amor.

Naquela semana com ela no hospital, eu estava preocupada com um trabalho que tinha que entregar. Hoje sorrio desse absurdo. Ficava metida dentro de um processador de texto quando talvez pudesse ter conversado mais com ela, ou simplesmente me sentado ao seu lado sem dizer nada, atenta. Ainda assim, ela em algum momento disse que gostava da minha companhia, ali no hospital – porque eu era calma, foi o que ela disse: você é calma.

Era talvez com calma que eu tentava alimentá-la, quando ela recusava praticamente todo alimento. Mas eu não me lembro de sentir essa calma. Só me lembro de saber, sem sombra de dúvida, que tudo aquilo era temporário, e que em breve estaríamos de novo na casa dela, em Laranjeiras. Aquele era um pós-operatório delicado que ela superaria e logo já estaria de volta às suas azaleias e aos hibiscos e aos bem-te-vis e sabiás e sanhaços e sebinhos. Houve também um momento em que me deitei com ela em seu leito, seu corpo agora tão magrinho, e ficamos ali abraçadas. Sua pele de encontro à minha, o calor do seu corpo junto ao meu. A enfermeira entrou e me olhou de banda.

Sete anos e meio depois, com meu pai, eu também tinha um trabalho para entregar. Mas já sabia que era importante ser negligente e irresponsável com o trabalho, naquele momento. Tão negligente e irresponsável quanto possível. Ficar em pé ao lado do leito segurando sua mão enquanto ele dormia, sua mão inchada e cheia de hematomas. O trabalho que ficasse para as horas de insônia.

Por já ter passado por uma versão daquilo antes, eu suspeitava que talvez não voltássemos juntos a Laranjeiras. Que talvez eu voltasse sozinha com meus irmãos a Laranjeiras. Mas quanta esperança encontramos, sempre, em qualquer buraco. Houve uma segunda-feira em que o médico disse algumas palavras promissoras sobre o meu pai. O que senti naquele momento não foi nem esperança: foi pura euforia. Um júbilo ilógico, sem cabimento, sem o menor pé na realidade. Meu pai, do seu leito, também se animou: puxa, será que vou poder voltar para casa em breve?

Ah, voltar para casa, voltar para casa. É só o que queremos, é só o que os doentes querem, era só o que minha mãe e meu pai queriam. Voltar para as azaleias e para os hibiscos e o bambuzal esvoaçando com as ventanias, voltar para um jogo de futebol na tevê da sala, para o pãozinho francês com café fresco à tarde. Para as coisas que Duzo trazia às vezes do sítio, um saco de feijão recém-colhido, o requeijão da cooperativa, que minha mãe adorava, um vidro de mel da época em que ele se ensaiou como apicultor. Voltar para o vento que corre por dentro da casa feito uma criança se você abre uma janela de um lado e outra janela do outro, e assim se atravessam os verões. E o apartamento pode estar sendo posto à venda, agora, mas essas memórias não estão.

O cotidiano de um hospital acaba colocando a gente no seio de uma espécie de família alternativa. Acabamos transformando em casa uma casa impossível. Quando meu pai estava internado, no final eu e meus irmãos já conhecíamos as enfermeiras e os enfermeiros, sabíamos de detalhes da vida dos que eram mais falantes. Eu conversava muito com a Maria, que era a faxineira prestes a se aposentar e a voltar graças a Deus para João Pessoa, onde ela era verdadeiramente feliz. E sabia um pouco da história de outros doentes internados ali na semi-intensiva, inclusive de um senhor que delirava e gritava muito e que a partir de determinado momento já não gritava mais. Mas depois meu pai foi para a ala de isolamento. E a nossa pequena família hospitalar alternativa se desmanchou.

Com minha mãe, sete anos e meio antes, a minha experiência foi mais breve. Mas passei com ela a última noite antes que as coisas começassem a se complicar de vez. Ela se queixando de falta de ar. O ar não está chegando, ela me dizia. E de repente o quarto enxameava de enfermeiros e médicos, e, entre a opção de deixá-la no quarto ou levá-la de volta à UTI, meu pai se decidiu pela segunda. Ele queria tentar tudo o que fosse possível. Cabia a mim e aos meus irmãos respeitar a sua decisão.

O maqueiro veio buscá-la e perguntamos a ela, antes que fosse levada, tá tudo bem? E ela respondeu, de maneira quase casual, tá, tá tudo bem! Como se estivéssemos conversando por telefone num sábado comum. Escrevi isto num outro texto: quase como se fosse acrescentar e com vocês, tudo bem também? Ela faleceu na UTI, naquela madrugada.

No apartamento em Laranjeiras, Gabriel tomava banho de mangueira quando era pequeno e o calor do verão apertava. Tenho uma foto do meu pai esguichando a mangueira nele, em meio às plantas, os dois com os sorrisos puros da felicidade pura. Os micos assobiavam nos galhos do flamboyant que quase entrava por dentro de casa com seus galhos de fogueira. Passava na rua o comprador de ferro-velho – compro aquecedor velho fogão velho ar-condicionado velho panela velha compro cobre metal alumínio e ferro velho. Subia a ladeira um velho micro-ônibus asmático, engrenava a primeira e resfolegava feito um paquiderme. Às vezes meu pai ia lá fora varrer a calçada (é um pequeno prédio de dois andares sem porteiro), conversar com um vizinho. Às vezes minha mãe ia lá embaixo regar as plantas. Deixar que Flora, a cachorra que herdaram de mim quando me mudei de país pela segunda vez, esticasse as pernas. Minha mãe que era medrosa e quando eu viajava sozinha me dizia você nem parece minha filha. Minha mãe que nunca ficou sabendo, porque eu não tive coragem de contar, que sofri um sequestro-relâmpago em Beijing. Meu pai que, após uma outra noite muito difícil, vários anos antes, atendeu o telefone quando liguei e disse minha filha, como é bom ouvir a sua voz.

Essa a casa que eles criaram. A reiterada flor. Talvez por isso eu gostaria que este meu texto estivesse na clave da alegria. Alegria apesar do pesar. Como a dos banhos de mangueira do Gabriel. Da Flora latindo para os micos. Da minha mãe furiosa com os sebinhos que cortavam os botões das azaleias, mas mesmo assim colocando diariamente uma vasilha com água para eles, que vinham às dezenas tomar banho ali. A reiterada flor. O que fica no por enquanto desse arco maior, que é, ele também, algo que se vai, que se esvai. A nossa história com eles e depois deles. A história deles em nós. Esse júbilo, essa dor, essa flor.

Esse júbilo, essa dor, essa flor. "No ponto imóvel do mundo que gira", como no verso de T. S. Eliot.

"O problema é que somos e estamos prestes a não ser". As palavras são do pintor polonês Roman Opałka. Ele foi um obsessivo, diz o artista visual Gianguido Bonfanti numa breve análise da sua obra. Ao longo de 46 anos, Opałka pintou números brancos sobre telas (chamava cada tela de "Detalhe") que iam mudando de cor – inicialmente eram pretas, mas, conforme Opałka foi envelhecendo, as telas foram também muito gradualmente clareando: cada tela que pintava era 1% mais branca do que a anterior. Uma tela partia da contagem numérica em que a anterior havia parado.

O projeto teve início em 1965 e terminou com sua morte, em 2011. Em 1968, Opałka incorporou o registro em áudio: além de pintar o número diário, ele gravava a si mesmo dizendo o número em voz alta enquanto pintava. E também tirava fotos suas, ao estilo passaporte, diante dos quadros, ao final de cada dia de trabalho.

Nascido na França de pais poloneses em 1931 (mesmo ano em que nasceu meu pai), Opałka desejava visualizar o tempo. Elaborar, de acordo com ele, uma progressão que documentasse o tempo e o definisse. Seu objetivo era chegar ao momento em que pintaria números brancos sobre uma tela branca. E conseguiu fazer isso em 2008 – pintando, a partir daí, o que chamava de *blanc bien merité* (branco bem merecido). O último número que pintou foi 5607249, antes de morrer: "o finito definido pelo não finito".

Penso também no artista japonês On Kawara (que nasceu em 1932, um ano entre meu pai e minha mãe, e morreu em 2014, mesmo ano da morte da minha mãe) e sua obsessão pelos números. Pelas datas, em seu caso. Ele se dedicou, por exemplo, a uma série de pinturas que chamava de "Date Paintings" – a data da pintura em tipos brancos simples sobre fundo preto.

Foi inspirada por On Kawara que uma vez escrevi um poema marcando uma data com o número de dias da minha vida: "dia 18.654". Foi numa série de poemas sobre um retiro de meditação *vipassanā* de que participei em maio de 2021, durante duas semanas. A cada dia escrevi um poema. Comecei de forma ordenada: "dia um", "dia dois", "dia três", "dia quatro". Mas no quinto dia tudo já estava tão desestruturado em termos da minha referência temporal (um dos milagres dos retiros de meditação) que me ocorreu experimentar esse número on-kawareano.

Ao contrário de Opałka, porém, eu não diria que o problema é que somos e estamos prestes a não ser. Talvez fosse possível tirar o "problema" da equação. A realidade. A circunstância. Prestes a não ser. Os nossos números brancos sobre telas brancas.

Mas que grande desafio esse de encarar a nossa própria finitude e a finitude alheia como um não problema. De certo modo, apesar de ter usado a palavra "problema", Roman Opałka experimentou, em seu "branco bem merecido", a dissolução das expectativas, suponho. Branco sobre fundo branco.

E no fim das contas talvez este aqui também não seja, na verdade, um texto sobre a morte. Tampouco sobre a vida. Acho que é um texto sobre o amor. O vislumbre de um branco sobre fundo branco. O amor e a reconciliação da morte com a vida, da vida com a morte.

Um professor de meditação que conheço disse algo como o amor estar atrelado à compreensão. O botânico Stefano Mancuso sugeria o mesmo numa palestra recente acerca da relação dos seres humanos com as plantas. Que se compreendermos como funcionam os seres vegetais é possível, para nós, amá-los. Não sei: às vezes penso na possibilidade do amor a despeito da incompreensão. A despeito da incomunicabilidade que há entre todos nós, porque cada um é a sua própria narrativa, o seu próprio universo, a sua própria contagem on-kawareana ou opałkeana do tempo. Ainda que jamais façamos um livro (ou uma vida) sozinhos. O fascínio e o enigma do outro. Ou será, ao contrário, que amar é habitar um espaço de compreensão diferente?

Um dia, também 2 de fevereiro, eu vi o sol se pondo sobre o mar da Arábia. Molhar o corpo naquele mar era ser abraçada pela minha mãe – foi o que entendi. Tanta generosidade, tanto afeto naquele abraço, naquelas ondas, tanto ímpeto. E o pedido, mãe, diga-me por onde ir. Diga-me por onde caminhar, mãe, mãezinha.

Fazia quatro anos da morte dela. E sempre tinha sido ontem. O mar da minha mãe, que tinha medo do mar. *La mer*. "Mar" deveria ser sempre um substantivo feminino.

Escrevi, naquela ocasião, sobre os 23 *ghats* que eu e meu marido, Paulo, percorremos em Varanasi, na Índia, desde o Assi Ghat até o Manikarnika Ghat. Os crematórios. O corpo e seus tabus – a nudez, o excremento, a morte. Ali, tudo coexistindo. Homens urinando (um urinol na rua, a céu aberto), excrementos humanos, de vacas, cachorros, cabras. No mesmo chão, crianças seminuas brincando com um pedaço de tijolo, sáris e toalhas secando ao sol, alimentos sendo preparados e vendidos sobre compridas esteiras, no mesmo chão. Religiosos, guias turísticos. Os corpos cremados a céu aberto, junto ao Ganges. A fumaça diferente que sobe de um corpo humano sendo cremado. Vacas, cabras, macacos, cachorros. Mais guias turísticos. A reverência de sentar-se nos degraus do Manikarnika Ghat e observar, por alguns instantes, um corpo humano sendo cremado. E saber que, ali, um silêncio diferente, mais grave, costurava mesmo os ruídos de fundo.

Os ruídos que eu não entendia, mesmo quando entendia. Tudo alheio a mim.

Os amigos viam as duas ou três fotos que eu tinha mandado de Agra, do Taj Mahal, e diziam que eu estava bem e que parecia feliz. O que soava tão distante da realidade. Foi o meu tempo mais difícil. Travessia: aquele constante entrelugar. O mantra, entre uma ponta e outra da vida, mas não somente. Entre mundos, entre vidas, entre instantes, entre dias, entre noites. Deixar, ficar, voltar, permanecer. Tudo travessia.

A depressão veio, insidiosa e lenta, nos anos imediatamente seguintes à morte da minha mãe e a outras perdas pessoais importantes. Fui medicada por um brevíssimo período, mas os efeitos colaterais do antidepressivo me incomodaram demais. Saí da depressão correndo (literalmente: oito quilômetros, três vezes por semana) e escrevendo um romance que publiquei em 2019, chamado *Todos os santos*.

Durante a viagem à Índia, em que lia os escritos de Octavio Paz sobre sua longa temporada no subcontinente, escrevi num caderno que me acompanhava: Ese tú que se vuelve yo (*tuyo*, como disse Paz). Ese yo que se vuelve tú, también. Como resolver a grande equação desta vida? A grande equação, a busca de sentido? Tantos caminhos repisados e insatisfatórios. Tanta lama grudada nas solas dos sapatos – o que tem sua beleza, é claro. A depressão: não será ela um extremo desse suspiro profundo, dessa pergunta que começa por não saber se formular? E se a vida por acaso for simplesmente a tentativa, hora após dia após década, de formular essa pergunta? E a sabedoria residir precisamente nisso: identificar o que precede o ponto de interrogação?

O tempo do amor – qual será o tempo do amor? Como é que ele se define e como é que ele se situa? Dura quanto o amor para ser amor? E quanto leva de falta, de ausência, entre seus ingredientes, para se definir como amor? Como, em que momento e por que pensamos que sentimos, pensamos, dizemos (a nós mesmos): amor? A liberdade que ele pressupõe para que seja pronunciado – enunciado. E que ao enunciá-lo, delimitá-lo, corporificá-lo, roubamos dele. Como solucionar o amor?

Cada vez conheço menos do mundo. Cada vez menos.

É tragicamente curioso (por falta de palavra mais acertada) que Elisabeth Kübler-Ross inicie o primeiro capítulo de seu livro *On Death and Dying*, publicado em 1969, com a seguinte frase: "As epidemias levaram muitas vidas nas gerações passadas". No momento em que escrevo este texto, os óbitos por covid-19 no Brasil estão em 606.726. Meu pai é um desses números. Ainda que sofresse de outras doenças que se prolongavam havia tempos já.

No fim, eu, Ana e Duzo tomamos por ele a decisão que ele já não tinha como tomar. Não irá para a UTI. Não será entubado. Não fará hemodiálise. Ele já estava inconsciente a maior parte do tempo. Não conseguiu acompanhar a seleção de futebol masculino do Brasil nas Olimpíadas de Tóquio, ele que era fanático por esportes e sobretudo por futebol. Dois dias depois, numa janelinha de consciência que se abriu, contei a ele.

Pai, o Brasil foi medalha de ouro, ganhou da Espanha anteontem.

Ele deu o sorriso possível e disse qualquer coisa. Não entendi. Cheguei mais perto. Ele balbuciava com grande, com imenso esforço. Por fim compreendi a pergunta, urgentíssima: E o Botafogo?

Com que alegria eu pude responder ganhou, o Botafogo ganhou ontem de dois a zero da Ponte Preta, pai.

E ele fechou os olhos, feliz.

Não sei se ele entendeu quando, dias mais tarde, tive que lhe dar a notícia de que, por ter sido diagnosticado com covid naquela manhã, ele teria que ser transferido para a ala de isolamento do hospital, onde não poderíamos mais estar com ele.

Conto ou não conto: mais um dos dilemas, sempre. Contar vai ajudar ou prejudicar. Mas ele tinha o direito, foi o que julgamos, de saber por que de repente a família não estaria mais ao seu lado. Ana dizia: ele vai achar que a gente desistiu dele. Que largamos ele no hospital, ao deus-dará.

Chovia na cidade do Rio quando ele foi transferido. Chegou o maqueiro com um par de enfermeiras. Eu em um canto, porque agora também tinha que me isolar de todo mundo até fazer o teste para ver se não estava infectada (não estava).

Chovia sobre o resto de Mata Atlântica, sobre as antilhanas palmeiras-imperiais do Jardim Botânico, sobre as amendoeiras e os abricós-de-macaco, sobre os oitis e as figueiras, sobre as paineiras (também elas da família das ceibas) e os paus-ferro e os ipês floridos.

Os ipês florescem no inverno. Eles precisam da seca e do frio para que percam completamente as folhas e comecem a florir. Os ipês do Rio de Janeiro estavam todos floridos, da Pavuna a Del Castilho, do Méier à Gávea, de Laranjeiras à Freguesia, do Grajaú, onde minha mãe também morou, ao Maracanã, onde estudei durante sete anos.

Todos floridos. Uma festa sob a chuva.

Paulo e eu plantamos uma macieira nos cinco metros quadrados de jardim que tínhamos numa casa em que vivemos, no Colorado, no sopé das Montanhas Rochosas. Plantamos no lugar de uma aspen que havia ali, e que morreu. A macieira era da espécie *Malus domestica*. Todo ano ela perdia as folhas no outono, e no início da primavera saía do período de dormência com aqueles botões rosados que depois se abriam em flores quase brancas. Nossa árvore era uma criança, ainda – hoje tem seus doze anos de vida. Enquanto escrevo, vejo da minha janela o carvalho (da espécie *Quercus stellata*) que também plantamos há alguns anos num outro pequenino jardim, nessa outra casa estadunidense, agora na cidade de Austin. Paulo está sempre plantando uma árvore e se mudando para outro lugar. Antes de nos conhecermos, ele plantou um pinheiro *Picea pungens* na casa que o divórcio botou à venda, num subúrbio de Denver.

Eu me despedi do meu pai quando o maqueiro chegou. Supunha que era a grande despedida, a despedida para sempre, embora não fosse. Na verdade, nunca temos certeza, porque algo em nós sempre negocia, com a sorte, um pouco mais de tempo, um pouco mais. Quem sabe ele fica bom dessa covid e quem sabe o quadro geral melhora e quem sabe ele volta para casa e quem sabe, e quem sabe ele vive até os cem anos, não é mesmo? Afinal, o marcapasso foi ajustado, e coisa e tal.

Nesse caso, de fato não era a despedida para sempre. Eu ainda teria uma última e improvável oportunidade. Ainda assim, entrei no elevador para descer da unidade semi-intensiva como quem não tem pele. Era essa a sensação. De que meu corpo inteiro estava em carne viva.

Daquela vez não houve raiva, raiva nenhuma. Apenas um cuidado imenso ao lidar com as coisas. Tudo me parecia quebrável, delicado, vulnerável. Até o ar. Falar alto ou falar muito era impensável.

Perdi três quilos naquele mês de agosto, porque mesmo comer era algo que eu fazia com cautela. E quando acordava antes do raiar do dia e ouvia as saracuras em sua toada e via aos poucos um halo de luz começando a debruar a mata, aquele restante de Mata Atlântica na cidade do Rio e em suas montanhas, esse era o mundo que fazia sentido. O mundo que tinha lógica. Um mundo intervalar.

Tenho comigo, feito um talismã, um poema de um livro que minha amiga Mariana Ianelli escreveu a partir de leituras do diário de Etty Hillesum. O poema termina assim:

> Se não me couber ser poeta
> Nem me aguardar outra vida
> Apenas um verso
> Para a noite
> Apenas isso.

Um verso para a noite. Houve versos, naquelas noites, naquelas madrugadas. Escrevi muitos poemas.

A poesia ressurgiu no meu trabalho literário timidamente, através de um livro que compilei com poemas esparsos em 2013, chamado *Parte da paisagem*. O livro estava dedicado ao meu pai e à minha mãe. Seria publicado no ano seguinte, e a dedicatória era uma surpresa. Minha mãe morreu sem vê-la. De última hora, incluí no livro um poema para ela. Um poema depois dela.

E aí, na inversão e subversão de tudo o que se seguiu àquele 2 de fevereiro de 2014, aquele fevereiro de flamboyants floridos, passei a ter mais vontade de escrever poesia do que prosa de ficção. Naquele mesmo ano também voltei a pintar, que era algo que não fazia havia muito tempo. Cada vez mais tênue a vontade de expressar o mundo figurativamente.

Depois da morte do meu pai, num agosto de ipês floridos, caí de amores pela escrita assêmica. Debrucei-me sobre os grafismos de Cy Twombly, entre os quais a sua magnífica *Letter of Resignation,* ou *Carta de demissão,* que se compõe de um monte de rabiscos. Também sobre os de Henri Michaux, que cunhou a expressão "insignificar com traços", de Mira Schendel, León Ferrari, Caligrapixo, Retna. Comecei a fazer os meus próprios experimentos. "Escrevi" poemas com folhinhas secas catadas no quintal, ou tracejando linhas em papel translúcido sobre algum poema de outro autor impresso em livro.

Desistir de fazer sentido. Branco sobre branco. Flores de ipês e de flamboyants recortadas sobre um mundo que chove, que chora.

"Apenas um verso/ Para a noite/ Apenas isso".

Verso, sinônimo de *avesso.* Um avesso para a noite, um outro lado para a noite, dentro dela. Um número branco para o branco da tela. O silêncio dentro do canto da saracura, o silêncio debaixo da lua que ia aos poucos estendendo o seu crescente no céu, em agosto. Versos para dizer não dizendo. John Cage em seu "Diário: como melhorar o mundo (você só tornará as coisas piores)", na tradução de Rogério Duprat e Augusto de Campos: "Para o novo – fazer o que não é necessário". E a citação que faz Cage de Buckminster Fuller: "Levar areia de uma parte da praia pra outra".

"Se não me couber ser poeta/ Nem me aguardar outra vida", apenas esta. Página. Palavra. Antipalavra. Vida.

Meu pai teve uma experiência de quase morte em 2019. Foi quando seu coração parou de bater por um tempo considerável, mas ele acabou ressuscitado através de cardioversão. Contou o que aconteceu. Viu-se num lugar desconhecido, diante de umas nuvens – ao longe havia um vulto, grande, talvez humano, mas bastante difuso. Mais perto, uma série de cartas de baralho espalhadas sobre o chão. Aproximando-se, ele viu que as cartas eram, na verdade, caixas. Aproximando-se um pouco mais, viu que as caixas eram caixões. Mas isso não lhe meteu medo. Os caixões se encontravam todos fechados, à exceção do último, que estava aberto e tinha seu nome escrito no alto. Ele já se preparava, sem maiores dramas, para entrar ali quando ouviu os médicos chamando por ele. Arnaldo. Teria que voltar, o que fez a contragosto. Ficou muito chateado porque teria que voltar sem levar minha mãe. E sem levar aquela mocinha do *Emergency Room* que morre na sexta temporada.

Escrever sobre a morte não é conferir peso às coisas. Penso que seja, no caso do que estou tentando fazer aqui, o contrário. Uma vontade de retirar peso.

Um dos meus livros preferidos de Gabriel García Márquez é o seu primeiro romance, *A revoada*. É onde nasce a cidade de Macondo, aliás. Nas páginas finais, aquelas linhas inesquecíveis, que estão entre as coisas mais perfeitas que já li:

E a porta se abre, enorme, como que para passarem dois homens, um sobre o outro; e há um ranger prolongado da madeira e das ferragens despertadas. E antes que tenhamos tempo de saber o que se passa, irrompe a luz no cômodo, de costas, poderosa e perfeita, porque lhe tiraram o suporte que a sustentou durante duzentos anos e com a força de duzentos bois, e cai de costas no cômodo, arrastando a sombra das coisas em sua turbulenta queda. Os homens se fazem brutalmente visíveis, como um relâmpago ao meio-dia, e cambaleiam, e me parece que é como se tivessem que se apoiar para que não os derrubasse a claridade.

Essa claridade caindo de costas dentro de uma sala fechada havia muito, quando abrem a porta, essa claridade que é como um corpo, que vai arrastando a sombra das coisas enquanto cai, me faz pensar também na cicatriz de que falou o poeta persa Rumi – a cicatriz (a dor, a tristeza) como o lugar por onde a luz penetra em nós.

Mais uma associação: com a arte japonesa do *kintsugi,* que consiste em colar com laca e pó de ouro os objetos de cerâmica quebrados. Parente da filosofia do *wabi-sabi,* que advoga um apreço pelo caráter transitório e imperfeito de tudo, a arte do *kintsugi* considera a "cicatriz" uma marca da história do objeto, que, portanto, não deve ser disfarçada, mas sim reverenciada. Não se cola um vaso quebrado de cerâmica de modo a fazer sumir as marcas do acidente, mas sim de modo a sublinhá--las, fazê-las reluzir, resplandecer.

A morte de um ente querido poderia ser como essa luz que cai de costas, aos tropeços, pela nossa vida adentro, através daquela porta que subitamente (e violentamente, às vezes) se abre. Uma iluminação.

Acho que por isso eu quis vestir roupas claras e alegres no velório da minha mãe e, sete anos e meio depois, no do meu pai (minha família fez o mesmo). No primeiro caso, peguei roupas da minha mãe em seu armário sem me preocupar em absoluto se ficavam ou não "bem" em mim. Que diabo de conceito esse. Era aquele abraço que me dá hoje a velha camiseta branca do meu pai. A gente se dá conta de como o bem-estar passa por outras vias que não a dessa obsessiva reiteração, por exemplo, de uma imagem específica, em geral embelezada, não raro assepsiada, de nós mesmos. A gente se dá conta de que as nossas próprias cicatrizes são meritórias de laca e pó de ouro.

"Forever young/ Forever young/ May you stay/ Forever young", cantou Bob Dylan para o seu filho Jesse, no início dos anos 1970. "Que você fique sempre jovem". O anseio pelo impossível. A consciência da nossa própria mortalidade?

Claro, também esse desejo, como todos os outros que tenhamos ou que possamos vir a ter, é assimilado pela lógica capitalista e transformado em algo vendável e comprável – e, se possível, com um modelo novo saindo um ano depois. A incompletude é um mal a ser curado. E para essa cura há tanta coisa à disposição. Ao mesmo tempo, a cura não pode ser completa, porque se deixarmos de ser consumidores, deixamos também de ser cidadãos. Lá atrás, em 1929, o pioneiro Edward Bernays já bolava propagandas de cigarro destinadas às mulheres identificando o cigarro com "Tochas de liberdade" feministas. Em quantas dessas armadilhas insidiosas caímos todos os dias, desde que nascemos?

O homem da funerária que veio conversar conosco no dia da morte do meu pai queria nos convencer a levar um caixão mais ornamentado e mais caro. E a gente insistindo: não era *só* pelo preço, *gostávamos mais* do caixão mais simples. E ele: olha, tem este aqui também, é só um pouquinho mais caro, pouca coisa.

Oxalá fosse possível chegar ao dia da nossa morte com a roupa do corpo e nada mais – eu e uma amiga comentamos recentemente. E acrescentei: vá lá, com a roupa do corpo e um copinho de cachaça. Ela deu a sua versão final: a roupa do corpo, um copinho de cachaça e um bom fuminho.

Mas complicamos tudo, sempre. Nós com nossas narrativas convolutas sobre tudo, conferindo peso não somente à morte mas à própria vida. Como seria retirar peso de ambas? É claro que não tenho uma resposta para oferecer nem a mim mesma. E tudo o que este texto não quer ser é um projeto de autoajuda. Na verdade, eu gostaria de saber como é possível viver em paz num estado de antiautoajuda. Com cicatrizes luminosas, sem a obsessão da cura, sem a obsessão de que tudo tenha que parecer novo e perfeito.

Volto aos ciganos de Mahmoud Darwish. Ele, o palestino exilado, o palestino regressado a uma pátria que já não existia mais, um poeta que alegou que ainda faltava ouvir a voz dos troianos (Homero era a glória dos gregos, mas faltava ouvir a narrativa dos troianos). Os ciganos cantados por Darwish, "tristes desde o dia em que nasceram", que deixam o passado para trás como "um punhado de cinzas de uma fogueira temporária" e evitam pensar no futuro, "para que a distração não perturbe a pureza da improvisação".

"Hoje, hoje é todo o tempo que existe". Quando eu era criança, meu pai ia à feira nos fins de semana. Sempre trazia flores. Todo fim de semana era marcado por um colorido fresco num vaso sobre a mesa. Ou talvez não fosse sempre assim, mas foi assim que ficou na minha memória. Essa outra narrativa que tanto tem de ficcional.

Meu pai e minha mãe eram duas pessoas amorosas. Tenho plena consciência de que seu casamento foi feliz em muitas fases, infeliz em outras tantas. Mas me lembro com carinho de um episódio em que, já idosos, eles mandaram fazer novas alianças de prata numa joalheria da Galeria Condor. Minha mãe contou que nessa ocasião eles se casaram de novo no meio da rua, ali mesmo no pandemônio do Largo do Machado, entre ônibus e gente apressada formigando na estação do metrô e vendedores ambulantes. Meu pai a pediu em casamento e ela aceitou, e trocaram as novas alianças. Para passar mais de sessenta anos com alguém, é preciso, eu suponho, entender essa "pureza da improvisação". Improvisação da vida que vai, também, retirando. Das cicatrizes que não têm como ser apagadas. Esse singelo *kintsugi* do dia-a-dia.

Muitas vezes, quando era mais nova, eu pensava em como seria se meus pais tivessem se separado. Talvez passar tantas décadas da vida com a mesma pessoa fosse cruel demais. Ainda mais na geração deles, em que as uniões se firmavam tão cedo. E ainda mais para as mulheres, que carregavam – digo isso no passado como uma espécie de pensamento positivo, ciente de que o presente do verbo ainda vigora – o peso de amarras sociais, de vetos, proibições e de uma moral que não se aplicava aos homens. Quem sabe meu pai e minha mãe teriam encontrado outras felicidades, outras versões da felicidade, com outros companheiros, eu pensei em alguns momentos. E se escrevo isso é somente para deixar claro para mim mesma que não idealizo nem a pessoa que cada um deles foi nem o casal que foram, juntos.

Porém, talvez seja preciso abrir mão dessas outras versões da felicidade com outros companheiros para poder, um dia, casar-se de novo em plena rua, em pleno caos, com o seu companheiro ou companheira de décadas. Com novas alianças simples de prata. Sem testemunhas, porque a esse ponto bastam os dois, basta o mundo, basta o ruído familiar do trânsito da rua das Laranjeiras, bastam as figueiras e os abricós-de-macaco do Largo do Machado.

Já compondo uma narrativa em cima disso: quem sabe os dois se sentaram em seguida ali no sírio e libanês, na Galeria Condor, para comer umas esfihas. Meu pai teria pedido um mate. Minha mãe, um suco de laranja ou um guaraná.

No Jardim Botânico, naquele agosto, o não saber deixava de ser uma condição e se tornava uma geografia. Algo para olhar, possível de sentir com as mãos, de percorrer com os pés. Mais ainda: algo para respirar. Para escutar. O coletivo do meu corpo no coletivo do corpo do jardim.

Toquei uma cariota-de-espinho para ver se doía. Doía.

Existia uma profunda estranheza em estar ali, em liberdade e com saúde. Meu pai "prestes a não ser", para voltar ao pintor Roman Opałka. E quantas coisas ali prestes a não ser também, quantas coisas des-sendo, como é da lógica de qualquer jardim. Até eu, pensando bem, porque aos 51 anos de idade a pessoa já não está mais numa curva ascendente rumo à plenitude da vida. Quantos anos de vida eu teria (terei) ainda? Cinco? Vinte? Quarenta? Como é eloquente essa pergunta. Como é retumbante a resposta.

Eu também não sabia qual seria o tempo do meu pai. Às vezes me parecia que seria mais um par de horas, só. Mas às vezes eu me pegava fantasiando que voltaria ao Rio para o aniversário dele de noventa anos, dali a quatro meses, em dezembro. E quem sabe o Paulo e o Gabriel poderiam vir comigo, e faríamos uma festa para o meu pai com a presença dos três filhos, dos oito netos e dos oito bisnetos.

Esses eram números de que ele também não se esquecia, por mais que às vezes visse uma floresta em lugar de uma parede diante dele, no hospital (era uma parede branca e nela havia um crucifixo, uma televisão e um relógio parado). Três filhos, oito netos, oito bisnetos, ele se esforçava para dizer à fonoaudióloga se ela, a inocente, perguntasse o senhor tem netos, seu Arnaldo?

Naquele agosto – numa terça-feira, dia 17 – combinei um encontro com minha amiga Juliana Leite no Jardim Botânico. Caminhamos e conversamos por um par de horas. Depois ela e o marido me deram uma carona até o hospital.

Eu tinha conseguido uma autorização especial (e tão improvável que até hoje custo a crer que consegui obtê-la) para ver meu pai na ala de isolamento dos pacientes com covid. Pesava o fato de estar vacinada, de ter recebido duas doses de uma vacina das mais confiáveis e de ter feito na véspera mais um teste com resultado negativo.

Pesava o fato de que os médicos sabiam que aquele aniversário de noventa anos não ia chegar. De que a semana seguinte muito provavelmente não ia chegar. Se meu pai já era um paciente em estado grave ao ser internado, semanas antes, a covid estava desfazendo muito depressa a pouca ordem que ainda se mantinha no corpo dele. Mesmo vacinado, seus exércitos já estavam todos em debandada. Os fios que uniam as coisas, na lógica da labuta de existir, iam se rompendo, um a um.

Minha irmã estava de quarentena em casa, igualmente contaminada pela covid, mas com sintomas brandos, graças ao fato de também ter sido vacinada. Meu irmão, no sítio, tentava dar conta dos compromissos de trabalho para sair de licença e pegar a estrada para o Rio. Nós três trocávamos mensagens várias vezes por dia. Mas bem sei que cada um vivia o seu limbo particular. Bem sei que havia muito que não podíamos (que ainda não podemos) dizer.

Comecei a escrever este texto dois meses depois da morte do meu pai, quando estava lendo, por sugestão do Rafael Gallo, o livro da Rosa Montero e topei, à página 117 da minha edição da Seix Barral, com o trecho em que ela diz:

> Quando alguém falece, como bem disse a doutora [Iona] Heath, há que se escrever o final. O final da vida de quem morre, mas além disso o final da nossa vida em comum. Contar-nos o que fomos um para o outro, dizer-nos todas as palavras belas necessárias, construir pontes sobre as fissuras, limpar a paisagem das ervas daninhas. E há que se talhar esse retrato redondo na pedra sepulcral da nossa memória.

Fechei o livro e fui para o computador. Então era isso. Escrever sobre isso. Escrever *isto*.

Em seis dias, escrevi as primeiras quarenta páginas deste texto, um volume de escrita que nunca me havia acontecido em décadas de trabalho, formal ou informal, com a palavra. Nunca, nem mesmo no descompromisso da adolescência. Sensação até um tanto quanto febril. Como o repuxar dos cavalos na carta de tarô à minha frente, arcano VII, a Carruagem. Tinha a impressão de que poderia ficar aqui, com breves pausas para comer e dormir, até que isto chegasse a um arremate que não tinha a menor ideia de qual seria.

Comecei este texto colocando a primeira frase na primeira página, e dali segui. E tem sido como perambular pelas aleias do Jardim Botânico, a esmo. Encontrando aqui uma sumaúma, ali uma cariota-de-espinho, mais adiante as mangueiras de troncos retorcidos diante das quais eu e a Juliana nos detivemos como quem vê (e víamos) uma aparição saída de outros tempos, pouco antes da visita ocorrida na ala de isolamento do hospital, naquela terça-feira, 17 de agosto.

Minha mãe não chegou a conhecer alguns de seus bisnetos. Fico pensando na memória que levam de nós os que vêm depois. Imagino um apagamento progressivo, como as telas dia a dia mais brancas de Roman Opałka. Os filhos lembrando como este texto lembra, por exemplo, com todas as suas lacunas e todas as suas fantasias. Os netos lembrando um pouco menos. Os bisnetos, uma lembrança residual (se houver alguma). E assim os nomes vão passando para a fumaça da história, vão adentrando o sono do desconhecido. Vão se misturando ao largo substrato do passado, como se fossem as gerações e mais gerações de folhas e frutos virando matéria orgânica no chão de uma floresta.

Será por medo dessa indiferenciação que tentamos de variadas (e não raro constrangedoras) formas "imortalizar" nossos nomes? Deixar um feito ou uma obra que sobreviva por um pouco mais de tempo, com o nosso carimbo? Que bobagem. Os nomes são uma convenção. Os nomes também são uma narrativa que se faz.

O que digo e o que não digo sobre os meus pais. O que esqueço e o que não esqueço dos meus pais. O que nunca soube deles. O que meu filho nunca saberá de mim. O que ele sabe hoje, mas que um dia fatalmente acabará esquecendo. Este texto sendo assimilado pelo grande falatório do mundo, mais um texto, só mais um, e em algum momento se extinguindo por completo. Esquecido, anulado. Abandonado. Não acho a ideia ruim – muito pelo contrário. Existe liberdade no esquecimento. Estar escrevendo uma vida breve. Por isso também me assusta a prática, tornada quase que obrigatória durante a pandemia (ou a partir dela), de gravar tudo, de guardar tudo, o registro audiovisual de todas as palestras e encontros virtuais de que participamos, mesmo as mais modestas conversas entre uma dúzia de pessoas. Como se tudo tivesse que ter a nossa pegada indelével, agora. Como se nada tivesse a oportunidade de desaparecer. De morrer.

Marc Augé inicia seu livro *As formas do esquecimento* propondo o seguinte:

> O esquecimento é necessário à sociedade bem como ao indivíduo. É preciso saber esquecer para saborear

o gosto do presente, do instante e da espera, mas a própria memória precisa do esquecimento: é preciso esquecer o passado recente para encontrar o passado antigo.

No trecho do livro de Rosa Montero que escolhi para epígrafe deste texto, o argumento é de que "somos relicários da nossa gente querida. Levamos a eles dentro de nós, somos sua memória. E não queremos esquecer".

Que harmonia poderíamos encontrar entre a necessidade de guardar os nossos na memória como se fôssemos um relicário (a imagem é linda) e lhes conceder, também, a liberdade do esquecimento? Marc Augé, que relaciona o trabalho da memória ao de um jardineiro, fala das plantas que, num certo sentido, precisam esquecer para se transformar. "A flor (...) é o esquecimento da semente", diz ele. Outra imagem linda.

O esquecimento e a lembrança se opõem de diversas maneiras no nosso imaginário. Ainda com Marc Augé: há palavras (sentimentos, experiências) que associamos à lembrança: memória, recordação, mas também remorso, culpa, obsessão, rancor. Ao esquecimento corresponderiam, nessa lógica, o perdão, mas também a indiferença ou a negligência.

De modo geral, à lembrança associamos a vida. A grande simplificação do esquecimento seria, então, a morte. Porém, diz Augé, do mesmo modo como podemos considerar a vida individual como estando situada entre duas mortes (e "a morte como horizonte de toda vida individual"), também o esquecimento poderia ser considerado parte constituinte da lembrança.

O vivo é o encantado, como leio na ciência das encruzilhadas exposta por Luiz Antonio Simas e Luiz Rufino. Não se desencanta quem morre, mas quem é esquecido – quem perde sua potência. É preciso ter em mente, como eles propõem, que essa condição vai muito além das delimitações da vida e da morte tal como definidas pelas tradições ocidentais. O "caráter cruzado" das existências: "gente, pedra, rio, planta, palavra, tudo que existe pode estar sob a condição de encantamento ou desencantamento".

Entendo esse esquecimento também como uma perda de significado. Como navegar essa outra narrativa – nós, que ficamos, que sobrevivemos aos nossos queridos –, essa que transita delicadamente entre lembrar e esquecer?

Em muitas experiências, porém, a verdade é que a lembrança comparece como chaga aberta. Por exemplo: num estudo sobre Paul Celan, Raquel Abi-Sâmara evoca o título do primeiro livro do poeta, *Areia das urnas,* de 1948, para mencionar essa "casa do esquecimento que continuamente se escreve ou se desenha na areia – areia que é ao mesmo tempo cinzas, por preencher as urnas". Para Celan, autor judeu de língua alemã, a memória é a dor, é o esquecimento impossível de Auschwitz e da Shoah. E é dela que nasce a sua poesia.

Nos meus sonhos, meus pais não são jovens nem velhos. Estão numa espécie de meia idade – esta em que eu me encontro hoje, talvez. Sonhar com eles assim é, quem sabe, uma forma de lhes conceder tanto um passado quanto um futuro, já que ambos, passado e futuro, se fabricam a partir da lembrança e do esquecimento.

Quando Ana me ofereceu que escolhesse alguma coisa do meu pai para trazer comigo, não faria sentido trazer *todas* as peças de roupa dele: querer num certo sentido que a minha memória pudesse reter *tudo*. Isso seria o equivalente a não permitir que meu pai morresse. Para guardar a camiseta branca, é preciso deixar as outras seguirem seu caminho: que sejam doadas, que fiquem de recordação para outras pessoas da família. Que vão para o lixo, se estiverem velhas demais. Que virem pano de chão, porque são, na verdade, somente pedaços de tecido. "O que resta é o produto de uma erosão pelo esquecimento" (Augé).

Do mesmo modo, escrever este texto é, para mim, lembrar algumas coisas e delegar outras tantas (muitas mais) ao esquecimento. Deixar que a morte exista na vida. O relicário é um objeto pequeno. Esquecer é, também, libertar e me libertar. Esquecer é poder lembrar.

Eu fotografava as imensas costelas-de-adão e os muros recobertos de avencas no Rio de Janeiro, naquele agosto, para mostrar a uma conhecida minha do Hemisfério Norte que se refere às plantas no feminino: *she*. Ainda que, em tese, pela norma da língua inglesa, as plantas sejam *it*, o pronome neutro. Plantas, bebês e animais são *it*.

Para a ciência há plantas que são, de fato, masculinas ou femininas, como é o caso do ginkgo, do kiwi, da cannabis, da araucária, do mamão, do salgueiro: plantas dioicas. A maioria das plantas, porém, é monoica – ou seja, hermafrodita, com estruturas tanto masculinas quanto femininas. Mas para essa minha conhecida estadunidense todas são *she*. Uma vez batemos um longo papo sobre as costelas-de-adão que temos em casa. Coincidentemente, ambas resgatamos as nossas dos fundos de uma mesma loja em que elas estavam quase morrendo por negligência. A minha está aqui do lado, junto à janela, perto do violão da minha mãe. Já triplicou de tamanho desde que eu a trouxe para casa. Minha monstra. *Monstera deliciosa.* Por causa do clima daqui nossas monsteras têm que viver em vasos, dentro de casa. Então, só crescem de dois a três metros, contra os vinte a que podem chegar em seu habitat.

Algumas vezes visitei as sequoias. Não faz muito tempo fui vê-las com o Gabriel, que mora atualmente na Califórnia. O folheto que distribuem quando a gente chega no parque de Muir Woods, a casa protegida das sequoias vermelhas (*Sequoia sempervirens*), conta que há 150 milhões de anos essa família de vegetais cobria a maior parte do Hemisfério Norte. A *Sequoia sempervirens,* que pode chegar a quase cento e vinte metros de altura e viver dois mil anos, foi quase dizimada por um predador – a espécie *Homo sapiens.* Madeira nobre. Desenvolvimento urbano.

Li certa vez um comentário de um leitor de jornal a respeito do desmatamento da Amazônia. Dizia o seguinte: "a região mais rica do Brasil é também a região com menor índice de desenvolvimento do país, tudo por conta dos xiitas do meio ambiente que lucram em cima da desgraça alheia. Por mim, a floresta poderia ser transformada em cassinos; seria uma Las Vegas tropical, e tudo pode ser feio [*sic*] de maneira sustentável". O embrutecimento ("estado de uma pessoa embrutecida" ou "degradação da inteligência") como programa político. Funciona.

A gente levanta os olhos para as sequoias, para as sumaúmas, para os paus-mulatos. Que estão no centro do mundo. Que são o eixo de tudo. A gente abaixa os olhos para uma pequena colônia de cogumelos *Trametes versicolor* ajudando a decompor um tronco caído de sequoia vermelha. Quando o sol penetra naquela massa vegetal e chega no solo da floresta, a umidade começa a evaporar, e caminhamos entre nuvens.

Fecho os olhos e estou no Jardim Botânico. Ouço os meus tênis mastigando a terra, as pedrinhas. O único ruído que faço.

O monge zen vietnamita Thich Nhat Hanh escreveu um poema que diz:

O nascimento e a morte são só uma porta pela qual
  [entramos e saímos.
O nascimento e a morte são só um jogo de esconde-esconde.
Então sorria para mim e tome a minha mão e acene
  [em despedida.
Amanhã nos encontramos ou mesmo antes.
Vamos nos encontrar sempre na verdadeira fonte,
Vamos nos encontrar sempre nas miríades de caminhos
  [da vida.

Fecho os olhos e estou no Jardim Botânico. Ouço os meus tênis mastigando a terra, as pedrinhas. Miríades de caminhos.

Não tenho uma crença particular na vida após a morte. Até mesmo diante da reencarnação defendida pelas linhagens budistas, eu sou, para ecoar o que diz meu professor Gil Fronsdal, agnóstica. O tema ainda não conseguiu me fascinar o suficiente para que eu sentisse necessidade de chegar a uma conclusão a respeito, embora tenha me tornado budista há mais de vinte anos.

Miríades de caminhos, uma porta pela qual entramos e saímos, a morte, a vida, a morte, a vida. Os abricós-de-macaco e eu. Meu pai e eu. Meu pai e os bem-te-vis. Minha mãe e meus irmãos. Os sebinhos, as azaleias, os hibiscos, as avencas crescendo nos muros. Minha mãe e os flamboyants floridos. Meu filho e as barbas-de-velho. Paulo e seu pinheiro *Picea pungens*. As figueiras do Largo do Machado. Vamos nos encontrar sempre na verdadeira fonte. As cambaxirras que fizeram ninho na nossa varanda: durante toda a primavera acompanhamos suas idas e vindas. Os vagalumes que cintilavam no verão, no auge da pandemia. O podre adocicado no ar do Jardim Botânico: a putrefação, a vida se recompondo, se reestruturando. Sempre na verdadeira fonte.

Enquanto eu caminhava pelo Jardim Botânico, meu pai era um dos quase 21 milhões de infectados pela covid até então, no Brasil.

A situação dele se complicou um pouco agora, um dos médicos conversou comigo, me chamando a um canto no dia em que ele testou positivo.

E eu sabia que era um eufemismo. A terra debaixo dos meus pés, a areia de uma praia no mar da Arábia, no mar da Tasmânia, a terra debaixo dos meus pés no sítio, onde volta e meia eu pegava bicho-de-pé quando era criança, aquela coceira dos diabos.

Cada vez conheço menos do mundo. Cada vez menos.

A Mídia Ninja anunciava, enquanto eu caminhava pelo Jardim Botânico:

No primeiro ano do governo Bolsonaro, a mega queimada promovida por fazendeiros do Sudoeste do Pará fez o céu de São Paulo escurecer e revelou ao mundo o triste saldo dos retrocessos na política ambiental brasileira. Desde então, porém, o cenário só piorou, com a paralisação da fiscalização ambiental e o desmonte de órgãos de monitoramento e de transparência.

O luto, também, pelo mundo que estamos perdendo, e perdendo a nós mesmos no processo. Entre todos os muitos lutos acumulados, pessoais e coletivos. Perda essa que está na conta do antropoceno.

Uma matéria de Peter Kalmus publicada no jornal *The Guardian* no dia 4 de novembro de 2021 me chamou particular atenção. Não há como negociar com a física, nós sabemos. "O aquecimento global é um torno apertando em quase todos os aspectos o nosso planeta, a nossa sociedade e as nossas mentes", diz o jornal. O artigo aborda mais especificamente a depressão que toma conta de muitos de nós diante da falta de perspectivas ("por que estou estudando para um futuro que não vou ter?", diz o cartaz nas mãos de uma adolescente que protesta nas ruas) ou ante as imensas dificuldades reais já impostas pela crise climática – incluindo aqui as vividas por comunidades indígenas e vulneráveis, "para as quais a catástrofe climática é a culminação de séculos de opressão colonial e social".

A tripla crise: climática, de biodiversidade e de poluição. Pendurados de ponta-cabeça, reféns de nós mesmos. Traficando as matas, os oceanos, os intestinos das montanhas. Martirizando os bichos – e eu não me refiro só aos exóticos, aos que estão ameaçados de extinção. Esse outro de que, de acordo com os nossos próprios princípios, podemos dispor.

Parece que perguntaram uma vez a Rockefeller quanto dinheiro era suficiente e ele respondeu: "um pouquinho mais".

"Então sorria para mim e tome a minha mão e acene em despedida". Mãe, diga-me por onde ir. Diga-me por onde caminhar, mãe, mãezinha. Nestas aleias de um jardim, de tantos jardins, neste museu botânico, mas também nos jardins lá fora, no mundo, ruas, avenidas, pontes, viadutos, fronteiras, barragens, tabiques, janelas, portões. Portas giratórias.

Como entrar agora neste hospital, neste 17 de agosto, tomar um elevador e subir até o andar onde ficam, na ala de isolamento, os pacientes com covid. O homem da recepção me olha desconfiado. Dá um telefonema para se certificar.

Este filme de ficção científica mais real do que os nossos noticiários. Todo o burburinho, o corre-corre, o entra-e-sai das outras áreas do hospital desaparece, aqui. Preparam-me: máscara hospitalar, *face shield*, capote, luvas. Tenho a impressão de que vou fazer algum teste para tripular o próximo foguete para Marte. É quase isso. É mais do que isso.

Estou me preparando para me despedir do meu pai. Tenho meia hora com ele, mãe. Meia hora. Diga-

-me por onde ir, diga-me por onde caminhar. Tantos fios, tantas máquinas, mesmo aqui, mesmo que ele não tenha sido transferido para a UTI. E esse frio. Ele abre os olhos e eu digo que sou eu, e ele faz que sim com as pálpebras. Num momento de privacidade consigo expressar o não ensaiado, o nunca ensaiado, aquelas três frases junto ao seu ouvido.

Pai, eu queria te dizer três coisas.

Os olhos dele nos meus, a mão dele na minha, pele contra luva de látex. E que bobagem isso de literatura. Vamos às palavras simples, às palavras de dentro, às palavras-cicatrizes.

Obrigada por tudo, pai. Nós te amamos muito. Vai descansar.

"Então sorria para mim e tome a minha mão e acene em despedida".

Três dias depois dessa visita à ala de isolamento dos pacientes com covid, meu pai morreu. Era dia 20 de agosto. Você ouve os bem-te-vis? Há bem-te--vis por toda parte. Uma vez uma alemã de passagem pelo Rio me disse estou vendo ali um pássaro super exótico: era um bem-te-vi. E essas avencas brotando junto aos ralos dos esgotos? Nem precisa de flor feia rompendo o asfalto, poeta mais do que adorado. Aqui, quanta coisa rompe o asfalto. Aqui, quanta coisa para nascer precisa antes romper o asfalto. Viver é um desafio. O exercício cotidiano da alegria é um desafio. Aqui e aí e acolá também.

Na barriga do mundo desenvolvido, as pessoas se viciam em opioides. Se viciam em anestésicos variados. Afastar o mundo, apagar o mundo, torná-lo palatável. Mas então...? Mas então onde está o grande esplendor de nós?

O amigo do Gabriel marca dois encontros por dia com garotas através do aplicativo do momento. Um ele quase sempre cancela, mas fica ali de reserva. Na minha ficção, conto essa história à minha mãe. Vejo, com o Gabriel, o vídeo de Mac Miller cantando "Self Care". Penso em Mac Miller sendo encontrado morto certa manhã por seu assistente, após uma overdose acidental de fentanil, cocaína e álcool, aos 26 anos de idade. "Yeah, I been readin' them signs/ I been losin' my, I been losin' my, I been losin' my mind, yeah".

Vagalumes. Vagalumes. Bem-te-vis.

Nas semanas em que ainda podíamos acompanhar meu pai no hospital, eu levava sempre um lanche. Às vezes uma banana (aqui está ela de novo). Mas às vezes coisas mais elaboradas, um escondidinho de cogumelo que a Lana preparava para mim, na casa da minha sobrinha Carol, onde eu estava hospedada. Ou uma empada de palmito que o Oswaldo, marido da Carol, trazia para mim da rua. Se emagreci três quilos naquele mês, foi contra todos os esforços deles.

Havia tempos que meu pai vinha com muitas restrições alimentares. Primeiro foi a necessidade de perder peso por causa do coração. Depois, as restrições impostas pela insuficiência renal – foi aqui que a covid, ademais, fez seu estrago, no caso dele. Mas o fraco do meu pai eram mesmo aqueles pãezinhos de sal com manteiga. Isso e um café, isso e uma Coca-Cola.

Será que ele sonhava com seu pãozinho ali no hospital, quando levavam a papa de ameixa? A sopa? Ele não podia comer alimentos sólidos. Nem líquidos. A água tinha que ser engrossada com espessante. Devido ao risco de broncoaspiração. Um dia ele pediu, com aquele infinito esforço para articular as palavras, será que dá pra trazer pra mim um cachorro-quente e uma Coca-Cola?

Eu vinha acompanhando de longe os acontecimentos dos últimos meses. Os delírios cada vez mais frequentes, em casa. As coisas que ele via, as vozes que ouvia. A agressividade que às vezes acompanhava tudo isso, e que Ana me contava. A imobilidade progressiva – na verdade, desde aquela queda terrível numa piscina vazia, em 2018, quando ele quebrou a perna e se tornou cadeirante. Mas mesmo após essa queda ele botou um terno e foi, elegante, ao casamento da neta Camila, naquele mesmo ano.

Meu pai gostava da vida. Às vezes eu dizia ao Paulo que meu pai devia ter sido gato durante umas três encarnações e guardado todas as vidas sobressalentes para a sua atual encarnação humana. Ele escapou de poucas e boas. Tomava uns doze remédios diferentes por dia havia anos já. No hospital, acatava quando vinham fazer exames de raio-x, ou levá-lo para uma tomografia ou endoscopia. Lá vem maqueiro de novo. Puxa tubo, levanta braço, levanta perna, pega daqui, pega dali, coloca em cima do skate, muda de leito. Ele queria sair dali. Queria ficar bom. Ele gostava da vida. E a vida gostável não precisava ser muito. Um pãozinho com manteiga, uma Coca-Cola, um jogo do Botafogo. Mesmo sem minha mãe, ele queria continuar vivendo. Mesmo sem sua companheira canina Flora, que morreu meses depois da minha mãe, ele queria continuar vivendo.

Foi ele quem me ensinou a nadar. Quando íamos à praia, a família toda junta, nadávamos até depois da arrebentação, e minha mãe, que não entrava no mar, ficava da areia fazendo sinais furiosos com os braços para que voltássemos.

Ela se preocupava tanto. Quando os dois começaram a envelhecer, eu às vezes pensava: quando chegar a hora deles, acho que seria melhor que meu pai se fosse antes. Imagine, pensar isso, mas quando você se dá conta já pensou. Porque não sei como ele vai fazer para viver sem ela. E, no entanto. Não sei se minha mãe teria conseguido passar pela esfrega de cuidar dele como a Ana cuidou. Escrevo isso e imediatamente penso: quem sabe sim, quem sabe ela teria conseguido, quem sabe seria uma surpresa a mais entre essas que passamos a vida inteira improvisando.

Ele me ensinou a nadar. E, embora eu raramente nade, é bom não ter medo da água. Saber que consigo me virar naquele elemento, quando me vejo dentro dele. No sítio, às vezes havia uma penca de crianças em torno do meu pai, na piscina. Os nossos filhos e as crianças que moravam ali.

Ele podia ser tão fácil, às vezes. Noutras vezes difícil, sim, como quando metia uma carranca de mau humor e se sentava no sofá da sala para que todos víssemos, e eu sempre me perguntava o que eu tinha feito (porque devia ter sido eu, não?). Não importa. Lembro disso com um sorriso. Se essa é a pior recordação que tenho do meu pai, que ser humano mais privilegiado eu sou.

Ele era um homem grande, forte. Gordo, durante uma época da vida. No final, era como se estivesse devolvido à primeira infância. Vulnerável, entregue aos enfermeiros e às enfermeiras e aos cuidadores e aos três filhos, que íamos aprendendo com a enfermagem como fazer as coisas. Uma vez, com a dificuldade progressiva de articular as palavras, ele ainda comentou comigo: você vai sair daqui com diploma de enfermeira. E eu pensava, com um sorriso (quando os sorrisos faltavam eu corria para chorar no banheiro: jamais na frente dele), que num certo sentido é como se eles nos ajudassem a entrar na vida e nós, mais tarde, os ajudássemos a sair dela. É simples, não?

Se escrevo todas estas coisas, e se digo ainda por cima que gostaria que fossem na clave da alegria, é porque, no fundo, isto é comemorativo. A chegada de um bebê ao mundo tantas vezes é circundada de festa, de celebração, até de euforia. A vida que segue, mais um de nós, continuamos aqui: humanidade presente. As pessoas fazem vídeos comoventes de seus partos, entre risos e lágrimas. Quando, mais tarde, esse bebê for um velho e estiver se despedindo da vida, vamos escondê-lo do mundo.

Uma das coisas que mais me sensibilizaram em Varanasi foi a visibilidade da morte. Sendo a cidade considerada sagrada para os hindus, morrer ali e ser cremado às margens do sagrado rio Ganges significa não mais ter de reencarnar. Assim, há um sem-número de hindus das castas mais baixas, velhos e doentes, sentados pelos cantos, literalmente aguardando a morte. Muitos ali mesmo diante do

Manikarnika Ghat, vendo outros cadáveres sendo cremados e, segundo sua crença, alcançando a salvação, *moksha*.

Será que conseguimos, em meio à dor da falta que faz o ser que se foi fisicamente de nossas vidas, celebrá-lo? Comemorá-lo? Encontrar, no coração do nosso luto, a porta de um sorriso, porque a morte é também a vida que segue?

Quando voltamos da cremação do nosso pai para o apartamento em Laranjeiras, meus irmãos e eu compartilhamos um momento assim, quero crer. Pedimos uma comida, uma garrafa de vinho. Tudo parecia delicioso. Havia um nó no peito, uma ausência sensível entre nós, mas ainda assim um brinde, ainda assim que delícia esses cubinhos de tapioca. Naquele apartamento silencioso de tantas décadas de história, o relógio reformado pelo meu avô materno ainda tiquetaqueando na parede (ele já não soa mais as badaladas de hora em hora, porém), o corredor que viu três gerações de crianças correndo desabaladas, as azaleias e os hibiscos lá fora, a ráfia, o chifre de veado, as samambaias.

Moksha, eu diria. A salvação. Esse espaço que se encontra dentro do corpo – é sempre o corpo o grande amigo, o maior aliado –, mesmo que haja tanta ruína por toda parte.

Recentemente eu pensava no hábito que certos animais têm de brincar. Pensava no Lennon, o nosso cachorro, que aos onze anos de idade ainda é um bicho brincalhão. Ele ainda apanha a bolinha e rosna para que tentemos tomá-la dele. Assim como nós, os animais brincam para aprender, às vezes simplesmente para se exercitar. Suponho que a brincadeira seja também uma forma de socialização. Mas os bichos brincam sozinhos, às vezes. O Lennon joga a bolinha para o alto e vai ele mesmo buscar. E aquele corvo incrível, filmado por alguém na Rússia? Brincando de descer repetidas vezes numa tampinha de plástico a encosta de um telhado coberto de neve? Ele levava a tampinha de volta ao alto do telhado, com o bico, e descia de novo, e de novo.

Sim, aprendizado, suponho. Experimentação do mundo. Mas quero crer também que há momentos que são pura celebração do próprio momento.

E, no entanto, a psicologia já nos descreveu como escravos da esteira ergométrica hedônica. Santo

Agostinho já dizia, bem antes, que o desejo não tem descanso – e Buda dizia, há dois milênios e meio atrás, algo semelhante.

"I can't get no satisfaction". Por isso, como é libertador encontrar a satisfação que reside no meio da insatisfação, essa satisfação que não vem da durabilidade infinita de um encadeamento de prazer após prazer, essa que vem mesmo no dia em que cremamos o nosso pai – e sabemos que nossa mãe foi cremada há sete anos e meio, o que nos deixa subitamente órfãos. Subitamente obrigados a ir buscar, agora, esse pai e essa mãe na memória. Na subversão do tempo. No esquecimento, também, que é parte desse processo. Mais uma vez com Marc Augé:

> O esquecimento nos traz de volta ao presente, mesmo que ele se conjugue em todos os tempos; no futuro, para viver o recomeço; no presente, para viver o instante; no passado, para viver o retorno; em todos os casos, para não repetir. É preciso esquecer para continuar presente, esquecer para não morrer, esquecer para continuar fiel.

Se foi o papel deles nos trazer para a vida e o nosso papel ajudá-los a sair dela, a morte deles num certo sentido completa a nossa vida e a dignifica, do mesmo modo como a nossa vida completa e dignifica a morte deles. Assim, o esquecimento durante um instante (o presente) em que comemos um delicioso dadinho de tapioca é também em homenagem a eles. É também continuarmos fiéis.

Colocamos para tocar um álbum antigo e dançamos. De improviso. Por patuscada, como diria Machado de Assis – ele usa a expressão, aliás, numa crônica sobre o Jardim Botânico:

> O lugar (...) era tão bonito, a grande alameda de palmeiras tão agradável, que dava gosto de ir lá, por patuscada, ou com a segurança de não achar muita gente, coisa que para alguns espíritos e para certos estados era a delícia das delícias.

Colocamos para tocar um álbum antigo e dançamos. De improviso. Para ser alegres (ainda que tristes) desde o dia em que nascemos. Para ser a suprema feia flor do asfalto, avenca do esgoto, rainha sumaúma destinada a viver muito mais do que nós, contanto que não a derrubemos.

Dançamos, mesmo sem saber dançar direito, sendo o caso, sobre uma Terra que é redonda – na verdade, um geoide – e que nunca girou ao nosso redor. E quantos não foram parar na fogueira por dizer que não somos o centro do universo. Que não somos nem mesmo muito. E que mesmo o nosso muito, como na canção de Caetano, é muito pouco.

E, no entanto, há os tais corações brilhando no peito do mundo, vagalumes que recusam a extinção. Brilhamos com eles. Dançamos com eles, de improviso, neste hoje que é todo o tempo que existe.

NOTA

As obras citadas aqui são, na ordem em que aparecem no texto: *La ridícula idea de no volver a verte*, de Rosa Montero (Seix Barral, 2013); *In the Presence of Absence*, de Mahmoud Darwish, em tradução de Sinan Antoon (Archipelago Books, 2011); *The Dark Interval: Letters on Loss, Grief, and Transformation*, cartas de Rainer Maria Rilke em seleção e tradução de Ulrich Baer (Modern Library, 2018); *Slouching Towards Bethlehem*, de Joan Didion (Farrar, Straus and Giroux, 2008); *Feminism and the Mastery of Nature*, de Val Plumwood (Routledge, 1993); *Asemic: The Art of Writing*, de Peter Schwenger (University of Minnesota Press, 2019); *As horas de Etty*, de Mariana Ianelli (livro até este momento inédito); *Écrire*, de Marguerite Duras (Gallimard, 1993); *The Human Stain*, de Philip Roth (Vintage International, 2001); *The Expulsion of the Other*, de Byung-Chul Han, em tradução de Wieland Hoban (Polity, 2018); *Levels of Life*, de Julian Barnes (Vintage International, 2014); *On Death and Dying*, de Elisabeth Kübler-Ross (Scribner, 2013); *De segunda a um ano*, de John Cage, em tradução de Rogério Duprat e Augusto de Campos (Hucitec, 1985); *La Hojarasca*, de Gabriel García Márquez (Vintage Español, 2011); *Les Formes de l'oubli*, de Marc Augé (Payot-Rivages, 2019); *Four Quartets*, de T. S. Eliot (Harcourt Brace & Company, 1971); *Fogo no mato – a ciência encantada das macumbas*, de Luiz Antonio Simas e Luiz Rufino (Mórula, 2018); *Quem sou eu, quem és tu? Comentário sobre o ciclo de poemas "Hausto-Cristal", de Paul Celan*, de Hans-Georg Gadamer, em tradução e apresentação de Raquel Abi-Sâmara (EdUerj, 2005); *No Death, No Fear*, de Thich Nhat Hanh (Riverhead, 2002); *Obra completa, volume III*, de Machado de Assis (Nova Aguilar, 1994).

As traduções dos trechos citados no livro são minhas, exceto quando o contrário é indicado.

25 de dezembro de 2021
sol em Capricórnio
aniversário de 90 anos do meu pai

Gilda e Arnaldo em janeiro de 2012
(foto de Eduardo Montes-Bradley).

SOBRE A AUTORA

Adriana Lisboa nasceu no Rio de Janeiro em 1970. Publicou, entre outros livros, os romances *Sinfonia em branco* (Prêmio José Saramago), *Um beijo de colombina*, *Rakushisha*, *Azul corvo* (um dos livros do ano do jornal inglês *The Independent*), *Hanói* e *Todos os santos*; os poemas de *Parte da paisagem*, *Pequena música* (menção honrosa – Prêmio Casa de las Américas), *Deriva* e *O vivo*; os contos de *Caligrafias* e *O sucesso*. Seus livros foram traduzidos em mais de vinte países. Seus poemas e contos saíram em revistas como *Modern Poetry in Translation* e *Granta*. Traduziu a poesia de José Lezama Lima (com Mariana Ianelli) e Margaret Atwood, e a prosa de Marguerite Duras, Virginia Woolf e Maurice Blanchot, entre outros autores.

www.adrianalisboa.com

© Relicário Edições, 2022
© Adriana Lisboa, 2022

Dados Internacionais de Catalogação na Publicação (CIP) de acordo com ISBD

L769t

Lisboa, Adriana

Todo o tempo que existe / Adriana Lisboa. - Belo Horizonte : Relicário, 2022.

136 p. : il. ; 13cm x 19cm.
Inclui bibliografia.
ISBN: 978-65-89889-32-8
1. Autobiografia. 2. Ensaio. 3. Memória. 4. Perda. 5. Luto. I. Título.

CDD 920
2022-954
CDU 929

COORDENAÇÃO EDITORIAL Maíra Nassif Passos
EDITOR-ASSISTENTE Thiago Landi
PROJETO GRÁFICO & DIAGRAMAÇÃO Ana C. Bahia
REVISÃO Maria Fernanda Moreira
REVISÃO DE PROVAS Thiago Landi
IMAGEM DA CAPA Ipê, 20 de agosto de 2021.
Fotografia de Adriana Lisboa.

Rua Machado, 155, casa 1, Colégio Batista | Belo Horizonte, MG, 31110-080
contato@relicarioedicoes.com | www.relicarioedicoes.com
@relicarioedicoes /relicario.edicoes

1ª reimpressão [agosto de 2022]
1ª edição [abril de 2022]

Esta obra foi composta em FF More e Tenez e impressa sobre papel
Pólen Bold 90 g/m² para a Relicário Edições.